METTERSI IN PROPRIO

Luca Monti

METTERSI IN PROPRIO

Guida per il Piano d'impresa

di Luca Monti

edizione 2016

meet

Metodologie ed Esperienze per l'Evoluzione e la Transizione

Isbn: 978-1523929276

Edizione 2016

Breve manuale di preparazione del Piano d'Impresa con collegamento a materiali disponibili online (sempre aggiornati) sul sito www.meetorienta.com – sezione Lavoro

Schede e link per Mettersi in proprio

Indice

Indice 5

Prologo 7

Prefazione 11

Come è articolato il libro 15

Idea, risorse e prima descrizione 19

Che cos'è un'impresa 19

Cucinare un'idea per mettere in tavola un progetto 21

Il questionario di autovalutazione 24

Il sommario esecutivo 26

Chi sono o chi siamo 31

La concorrenza 35

Gli altri? Gli altri! 35

Il metodo di analisi 40

Le due fasi della ricerca 43

Il mercato 47

Il contesto economico e sociale 51

I clienti: le caratteristiche distintive 53

Fattori critici, obiettivi e strategie 58

Il prezzo 67

Sintesi sul mercato 72

L'organizzazione e la gestione delle risorse umane 73

Presentazione generale 73
Make or buy 73
Le risorse umane e l'organizzazione 74
L'organizzazione per processi 77
Le competenze e i processi 79
Le competenze e le figure professionali 84
Ricostruzione degli elementi di competenza personali 87
La matrice organizzativa 89

La gestione economico finanziaria 93

Le parole e i numeri 93
Il Piano economico e finanziario 96
Il conto economico 98
Lo stato patrimoniale 100
Il flusso di cassa 101

La forma giuridica e finanziamenti 105

Il lavoro autonomo 105
L'impresa 107
Il rapporto con i professionisti 111
I finanziamenti 112
Scheda informativa regime agevolato 116

Le attività di avvio 119

Come iniziare? 119
Conclusioni e riflessioni 123

L'autore e MEET 127

Prologo

"Trasformare un'idea in realtà è un'impresa".
Questa frase mi sembra la sintesi che racchiude tutto, perché le parole sono molto ricche di significati.
Per esempio, *impresa* è sinonimo di una cosa difficile nel linguaggio comune, c'è quasi un richiamo a un atto di coraggio. Non è facile gestire un'impresa però molti lo fanno e sicuramente per tanti è stato anche un atto di coraggio.

Vivo in una piccola provincia del nord Italia. Ci sono poco più di mezzo milione di abitanti. Di questi meno di trecentomila lavorano, escludiamo bambini, studenti, pensionati, disoccupati.
Le "imprese" iscritte alla Camera di Commercio sono 45.000 e gli "imprenditori" sono più di cinquantamila (perché quasi la metà delle imprese sono società e quindi gestite da più soci imprenditori). A questi si devono aggiungere i liberi professionisti che lavorano in proprio ma non sono definiti "imprenditori": sono a loro volta alcune decine di migliaia.
In conclusione, tra tutti coloro che lavorano in una normale provincia italiana, **una persona su tre è un imprenditore o un libero professionista**. Significa che questo è un "lavoro" molto diffuso. Anzi: lavorare in proprio è il tipo di lavoro più diffuso.
Per tornare alla frase iniziale... *quando apriamo un'attività*

trasformiamo un'idea, che abbiamo nella testa, in realtà ma non dobbiamo credere che questa prima realizzazione sia definitiva. Infatti il nostro lavoro sarà *"continuare a trasformare quell'idea in realtà"* perché viviamo in un mondo che cambia ed evolve continuamente e che quindi ci propone nuove sfide, nuove opportunità e talvolta queste possono anche metterci in difficoltà.

Il lavoro dell'imprenditore non consiste solo nell'aprire un'attività ma nel **tenerla sempre viva ed attuale**.
Se queste parole vi spaventano, vi dico che è giusto riflettere ed aver sempre presente questa "verità" ma che ci deve confortare il fatto che questo compito, questa responsabilità, è di milioni di italiani.
L'Italia ha questo primato: è la nazione con la più alta densità di imprenditori... prima della crisi e dopo la crisi!
È la nostra forza. È un fatto che dimostra che siamo pieni di idee e che siamo capaci di realizzarle tutti i giorni.
Questa vitalità e questa vivacità sono la forza di una nazione che riesce a vincere e superare alcuni ostacoli che noi stessi talvolta ci costruiamo (pensiamo alla burocrazia, alle inefficienze in alcuni servizi...).

Il messaggio che mi piace proporre, iniziando un cammino insieme, è positivo ma anche vero perché si basa sui dati e sull'esperienza di ciò che accade quotidianamente.

Al di là di quanto si legge sui giornali, per chi vuol fare impresa sono molto più importanti le informazioni molto meno note che ci forniscono per esempio le Camere di commercio che registrano, è il loro mestiere, tutte le informazioni che riguardano le imprese. Ci dicono quante sono, cosa vanno, dove sono, come si trasformano, dove esportano...
In ogni provincia c'è una sede, sul suo sito internet troverete queste informazioni che sono il primo riferimento per capire come funziona l'economia del luogo nel quale vivete. Magari non sono facili da consultare (in questo libro cercherò di dare una mano) ma riportano dati reali e preziosi.
Registrano e analizzano gli indicatori che ci dicono che cosa sta cambiando.
Così come sono importanti anche altri soggetti che raccolgono informazioni ed erogano servizi per gli imprenditori, come le associazioni di categoria.

Il mestiere di imprenditore ha anche un significato sociale e ciò che facciamo ha un valore per gli altri.

Prefazione

Questo libro propone un percorso di affiancamento per trasformare l'idea che avete nella testa in un piano che vi consenta di tirala fuori e di darle una forma.

Il Piano d'impresa è infatti un progetto che richiede all'aspirante imprenditore o libero professionista di raccogliere informazioni, riflettere su aspetti importanti, valutare ipotesi diverse per arrivare a tracciare gli elementi principali che danno forma e sostanza all'idea.

Non si tratta di uno studio astratto e teorico ma di un impegno ad approfondire, sperimentare, verificare tutti gli aspetti che sono necessari per arrivare all'apertura.

Il Piano non si limita a definire i passi prima dell'avvio ma indica obiettivi, strategie, azioni anche per la gestione. Non è un documento che si redige e poi si mette in un cassetto quando l'impresa è avviata: **è un diario di bordo**.

È anche un metodo.

Per questa ragione è importante interiorizzare i passaggi, le logiche e le azioni che traducono questo schema in uno strumento di gestione.

Il mio suggerimento, per chi affronta questo libro, è quello di

cogliere le ragioni che stanno dietro le domande che il Piano propone.
Le risposte possono cambiare... cambiano nel tempo ma quei punti di domanda rimangono.

Infatti il Piano d'impresa **non nasce a tavolino**. Non è un'elaborazione teorica legata a una corrente di pensiero o a una scuola economica.
La sua struttura non è altro che la lettura razionale di quanto realizzano le imprese. Chi ha elaborato questi schemi, ha osservato e descritto i passaggi logici e pratici che definiscono il progetto di impresa e la sua applicazione.
Nasce dall'analisi di ciò che consapevolmente, e qualche volta inconsapevolmente e inconsciamente, gli imprenditori hanno fatto per avviare e gestire imprese di successo.
Dove il successo non è diventare famosi o crescere fino a diventare multinazionali: **il successo è la risposta positiva, efficace, piena a quell'idea iniziale**.
Quasi tutte le imprese non nascono con la redazione di un Business Plan ma se qualcuno dovesse descrivere la loro nascita e come operano, lo schema più adatto sarebbe questo.

Le scelte sul futuro di un'impresa sono sempre riconducibili ai temi di cui ci occuperemo.
Ciascuno può liberare la propria fantasia e superare gli schemi per non sentirsi troppo costretto e imbrigliato dalle

griglie che metteremo a vostra disposizione.
Non importa. Il vero punto essenziale è non tralasciare nessun aspetto fondamentale, non lasciare domande senza risposte.
Questo strumento vi appartiene perché vi consente di definire le tappe, le azioni e gli obiettivi della vostra impresa. **Il primo destinatario del Piano è l'imprenditore o i soci.**

Potrebbe invece essere necessario compilare i campi richiesti nel caso in cui il Piano fosse anche un documento che vi serve per comunicare con l'esterno.
Il Business Plan è infatti richiesto dalle banche e dagli enti pubblici nel caso di domande di finanziamenti.
Gli schemi che vi chiederanno di compilare sono molto simili a quelli che trovate nel libro (le banche potrebbero soffermarsi di più sull'analisi economica rispetto alle altre sezioni ma quelle sono indispensabili per mettere a punto la documentazione economica, giuridica e fiscale).
Il suggerimento generale è quello di usare un linguaggio semplice e chiaro (mi sono sforzato di fare altrettanto con voi) e di avere documentazione oggettiva che sostenga i punti chiave del documento.
Il Piano infatti sarà valutato, assieme ad altri elementi (es. le vostre garanzie), per capire che cosa proponete e quanto la vostra impresa sia fattibile e profittevole e in che tempi.

La regola è: per prima cosa il piano deve convincere voi, se non vi convince, non funzionerà.

Come è articolato il libro

Per avviare un'attività servono idee, risorse, relazioni, competenze, opportunità. Fare impresa significa iniziare, provare, mettersi in gioco. Ci sono regole, strumenti e modalità. È indispensabile conoscere gli attori ("Chi"), i processi operativi ("Cosa") e le nuove modalità di intraprendere ("Come"). Il volume è destinato a coloro che sentono la vocazione imprenditoriale ed una forte spinta a coltivarla. Il taglio della pubblicazione è estremamente pratico, con esempi e schemi per adattare le riflessioni alla situazione personale del lettore.
I capitoli seguono la logica della costruzione del piano d'impresa:

Il **primo capitolo** si sofferma sull'**idea** iniziale e sulle **caratteristiche dell'imprenditore e dei soci** (se ci sono più persone che condividono il progetto).
L'idea iniziale deve trovare una sua prima descrizione e alcuni elementi, anche se non sono ancora chiari, iniziano a trovare una loro logica nel momento in cui si cerca di descriverli. *Scrivere aiuta a capire* così come rileggere permette di correggere già da subito alcune cose che *suonano male*.

La seconda parte è incentrata sugli altri: che cosa fanno quelli che hanno idee simili alle mie, che corrono sulla stessa pista. Chi sono i miei **concorrenti**?
Come posso *imparare da loro* alcune cose che mi saranno utili per sviluppare meglio la mia idea?

Il **mercato** è il luogo ove opererà l'impresa. Ha regole che devo conoscere. Ci sono clienti che si aspettano alcune cose precise. In questo terzo capitolo ci concentreremo su di loro e su ciò che dobbiamo fare per soddisfare le loro esigenze. Tutti questi elementi dovranno diventare un piano di azione indispensabile per catturare la loro attenzione e trasformarli nei "nostri clienti".

Per realizzare la nostra idea possiamo operare da soli oppure aver bisogno di altre persone. In ogni caso, anche se non avremo nemmeno un dipendente, dobbiamo dotarci di un'**organizzazione**.
Il capitolo sull'organizzazione propone alcune riflessioni che aiutano l'imprenditore a costruire i rapporti con le persone che sono indispensabili alla buona realizzazione delle attività dell'azienda (piccola o grande che sia).

Tutto ciò che abbiamo via via raccolto nel percorso ci consente di valutare quale sia la forma più corretta da dare alla nostra attività. Nella sezione che riguarda la **forma**

giuridica sono raccolte alcune indicazioni chiave.
Le leggi cambiano nel tempo, pertanto è necessario verificare la situazione nel preciso momento in cui si decide di aprire. Per questo ci saranno alcuni riferimenti a fonti ufficiali che consentono di avere notizie fresche e aggiornate.

Tutto quello che avremo elaborato ha una ricaduta e un significato economico. Nel capitolo che riguarda la **gestione economica e finanziaria**, i vari indicatori vengono ripresi e tradotti in cifre (entrate, uscite – costi – investimenti – ricavi). Questa sezione non vi trasformerà in economisti o commercialisti ma vi consente di capire quali sono gli elementi chiave che l'imprenditore deve padroneggiare.
L'imprenditore sa quali sono le domande da fare al commercialista non solo per pagare meno tasse ma per gestire al meglio la propria impresa.
Quali investimenti? Quali scelte commerciali?
Tutte queste scelte hanno a che fare con i numeri. Il capitolo propone un metodo di lettura degli aspetti economici e fiscali.
Starà poi alla vostra organizzazione interna o esterna (commercialisti, consulenti del lavoro ecc.) fornirvi gli elementi per le scelte, che rimangono sempre vostre ed è un bene che sia così.

L'avvio dell'impresa è il tema che si affronta nel capitolo conclusivo. Si riprendono alcune suggestioni che si erano

inserite nello schema della descrizione del primo capitolo e nell'ultimo si rivedranno passo passo le attività che sono necessarie per avviare l'impresa.
Le attività hanno un senso quando l'obiettivo che si prefiggono è chiaro e raggiungibile, quando è collocato nel tempo, quando ci sono le risorse per attuarlo.
Questo capitolo è la prova del nove del Piano. Se tutti gli elementi combaciano e ci sono le risposte alle domande, il progetto ha una struttura ed è completo.
A quel punto potrete dire: mi piace... lo voglio... lo faccio oppure no.

La guida ha una serie di ***link*** che consentono l'apertura di presentazioni in Power point, fonti di documenti utili, file di compilazione per arrivare al Business Plan formalizzato.

Sul sito www.meetorienta.com nell'area Lavoro, sezione *Mettersi in proprio* pubblicheremo via via i documenti su questo argomento.

Idea, risorse e prima descrizione

Che cos'è un'impresa

È un'idea che nella sua realizzazione genera un valore economico.

Questa definizione chiarisce il punto cruciale distintivo tra le attività umane in genere e quelle che si riconducono al mondo imprenditoriale. L'impresa consuma e genera valore. Se il rapporto tra ciò che consuma e ciò che produce è positivo, l'impresa è in attivo.

Può capitare che una persona svolga attività che non generano un valore economico e decidere che queste a un certo punto siano "pagate": questa trasformazione genera un'impresa, così come in molti casi chi opera e genera valore per conto di imprese e imprenditori a un certo punto decida di mettersi in proprio.

L'impresa è allora un'attività umana che ha un valore economico e la responsabilità di ciò che realizza è riferita a una o più persone: gli imprenditori.

Sembra che questo modo di porre la questione sia troppo filosofico ma è, nella sua semplicità, il riferimento più coretto per riuscire a trovare il denominatore comune tra tutte le imprese.

Il Piano d'impresa è il documento che raccoglie il progetto che traduce l'idea nel percorso di realizzazione concreta.

L'impresa si colloca all'interno di **un sistema economico e sociale** che determina molti dei suoi elementi costitutivi: pensiamo alle norme. Rispetto alle **leggi** si può dire che le forme che hanno le imprese sono fortemente condizionate dal diritto della nazione, talvolta della regione o del comune in cui queste sono insediate. Così come esistono aziende – le multinazionali - che superano i confini delle nazioni e che comunque, nel loro operare, devono rispettare le regole dei Paesi nei quali operano (talvolta comportandosi in maniera differente per realizzare i medesimi servizi o prodotti).

Un altro elemento esterno che condiziona fortemente la traduzione in concreto dell'idea imprenditoriale è il **mercato di riferimento**. Oggi i mercati non sono di per sé identificati e identificabili sempre con un luogo fisico: pensiamo alla vendita online.

L'altro punto importante quindi su cui riflettere è la dimensione temporale: viviamo in un mondo in continuo

cambiamento e quindi anche l'idea, nella sua realizzazione, subisce, affronta, interpreta i cambiamenti che intervengono nel tempo e l'imprenditore ha, tra gli altri, il compito di aggiornare la propria idea, mantenerla attuale, persino di cogliere nei cambiamenti le opportunità per sviluppare nuovi mercati e nuovi modi di operare.

Sulla base di questa riflessione, si può dire che il piano è un progetto iniziale ma è soprattutto un metodo che consente di aggiornare il progetto, perché le operazioni che prevede sono necessarie anche per mantenerlo sempre attuale durante la vita dell'impresa.

Cucinare un'idea per mettere in tavola un progetto

La prima richiesta che rivolgo a chi si presenta al colloquio di avvio del percorso di accompagnamento per la redazione del Business Plan è: *descrivimi la tua idea e scrivila in tre righe (non di più)*.
L'obiettivo è comunicare in maniera chiara e concisa l'idea.
Perché chiedo all'inizio di concentrare tutto in così poche parole?
Sostanzialmente la ragione è legata ai **destinatari di questo documento**.

Il primo di questi è sicuramente **l'imprenditore** ma potrebbero esserci anche altri soggetti: **i soci** per esempio.

I soci non hanno necessariamente la stessa identica idea, qualcuno può esser interessato alle ricadute economiche (pensiamo ai *soci finanziatori*). Ci sono anche soci che privilegiano gli aspetti tecnici e altri quelli gestionali. Qualcuno pone enfasi sull'immagine altri sulla concretezza.
Ricordo ancor oggi le telefonate tra un mio ex datore di lavoro e suo nipote. Entrambi soci di un ristorante al mare. Il primo rimproverava vivacemente il secondo perché questi ospitava comitive in gita e offriva loro dei menù a prezzi turistici mentre la sua idea di ristorante era di tutt'altro genere (un ristorante di lusso per pochi clienti selezionati a prezzi molto elevati). Il ristorante è un luogo ove si cucina cibi per i clienti, può essere in una località turistica di mare ma questa definizione è troppo generica: *vorrei aprire un ristorante a Iesolo con mio zio*, ho già identificato il locale. Per partire bene abbiamo bisogno di una definizione breve ma più precisa dell'idea. Solo in questo modo scopriamo, già in questa fase, che i due soci possono avere visioni lontanissime e forse inconciliabili.
Si può porre il problema da subito e cercare quali siano i punti di contatto e di convergenza delle due interpretazioni dell'idea.
Questo va fatto subito. Coinvolgere i due soggetti che

hanno l'idea e definire l'idea in poche parole ma non generiche e vaghe.

L'idea va approfondita e descritta, sia pur in forma sintetica, in modo che emergano gli aspetti distintivi.
Questo non significa che due visioni diverse non possano trovare un terreno o un punto di incontro ma è indispensabile, per la convivenza dei soggetti che vi operano, che tutto sia esplicito.
Questo non vale solo per i soci ma anche per altri soggetti: pensiamo a chi ci eroga il credito.
La descrizione sintetica dell'idea è il biglietto da visita.
Spesso infatti l'imprenditore ha bisogno di credito e **le banche** e **i finanziatori** (anche quelli pubblici) valutano il ritorno e la solvibilità sulla base di fattori che non sono esclusivamente economici.

Pensiamo al fenomeno del ***Franchising*** dove l'idea imprenditoriale si incontra con un'idea e regole impostate da chi ha definito la struttura di affiliazione.
L'idea e il piano d'impresa devono esprimersi in maniera chiara anche perché sia **i clienti** che **i fornitori** sono coinvolti nel ciclo economico che l'impresa genera ed alimenta.
Fin dalla definizione dell'idea è bene che si indichino dei **punti identificativi** che richiamino il settore, il mercato, la collocazione geografica e non un'enunciazione generica.

Non posso quindi partire dicendo che mi piacerebbe aprire un ristorante al mare o un agriturismo sul lago.
Se vogliamo mantenere la metafora culinaria, possiamo dire che già dall'inizio dobbiamo avere in mente il menù e chi cucina e immaginarci gli invitati per scrivere una frase che prefiguri l'idea.

Parlo in questa fase di **"idea ingenua"** perché *il compito di questo lavoro sarà di analizzarla, mantenerla e modificarla per arrivare al termine di questo processo ad un progetto ben descritto e soprattutto condiviso* anche da quei soggetti che saranno coinvolti dove siano messi in luce i punti di forza, i problemi e gli ostacoli con le strategie da mettere in campo per il loro superamento così come i risultati attesi nel tempo.
La prima enunciazione è interna al piano e sarà oggetto di revisione fino al termine del percorso in modo che la definizione finale sia studiata e perfezionata in modo che diventi pubblica: espressione dell'idea imprenditoriale verificata e supportata dal documento del Business Plan.

Il questionario di autovalutazione

Nello schema che propongo, per compilare il Sommario (prima pagina del Piano) chiedo all'imprenditore o ai soci, se ci sono più persone, di rispondere a queste domande, dando una loro autovalutazione.

Vi invito a fare la stessa cosa, quando iniziate.

Qualora ci siano delle espressioni che non conoscete, l'autovalutazione sarà "insufficiente". Non è un problema, perché il Piano serve a far crescere la conoscenza, la consapevolezza, la chiarezza su questi punti.

Griglia di osservazione dei temi che riguardano gli aspetti salienti della costruzione di un business plan e per l'avvio di un'attività imprenditoriale

Questa griglia di osservazione deve essere compilata sia per la fase di esame dell'idea che per la chiusura dell'intervento di consulenza, ma si presta anche per la valutazione dell'avanzamento del servizio.

GRIGLIA DI AVVIO				
Temi di analisi e autovalutazione	A	B	C	D
Definizione aspetti tecnici				
Definizione aspetti organizzativi				
Definizione strategie commerciali				
Progettazione e documentazione				
Analisi di mercato				
Analisi dell'offerta				
Analisi della domanda				
Definizione politiche di marketing				
Analisi Redditività				
Dimostrazione fatturato				
Vantaggi competitivi				
Analisi dei costi				
Congruità investimenti				
Definizione investimenti				
Definizione Economicità				
Ruolo soci				

Definizione mansioni figure professionali				
Definizione del piano di avvio				

TOTALI VALUTAZIONE				

Le valutazioni indicate seguono i seguenti indici di definizione:
A: INSUFFICIENTE INESISTENTE
B: CARENTE LACUNOSA
C: SUFFICIENTE
D: BUONO
(mettete una x sulla casella)

Scaricate il file word dal sito www.meetorienta.com (area Lavoro – guida Mettersi in proprio)

Non è una pagella... è il punto di partenza.

Il Piano d'impresa è un percorso dove spesso si torna indietro per correggere e modificare. Questo vale anche – soprattutto - per questa griglia e questo capitolo in generale. **Il Piano è efficace quando sposta in maniera significativa in avanti la media del punteggio** verso il buono. Non dobbiamo neppure pretendere che tutte la colonna del *buono* sia piena di x al termine del percorso. Non si può calcolare o prevedere tutto ma è necessario che lungo la strada si imparino i concetti e le logiche che stanno alla base di questi temi, che sono quelli della "gestione di impresa".

Il sommario esecutivo

Il primo documento del fascicolo che compone il Piano è

il Sommario esecutivo che – come scrivevo pocanzi - si apre con la **descrizione dell'idea imprenditoriale riassunta in tre righe**.

Dicevo che non può essere generica perché deve contenere gli elementi distintivi:

"Aprire un ristorante (società tra due persone) a Rapallo nel centro per clientela raffinata con massimo 40 coperti, cucina italiana, arredamento classico, gestione familiare."

Questa enunciazione è chiara anche se non è scolpita nella pietra. Il compito del lavoro di analisi e verifica consisterà nel confermarla o modificarla per arrivare non solo ad avere un ristorante ma la medesima idea di ristorante, magari vista dai soci con angolazioni, interessi, passioni diverse.

Definizione del ruolo

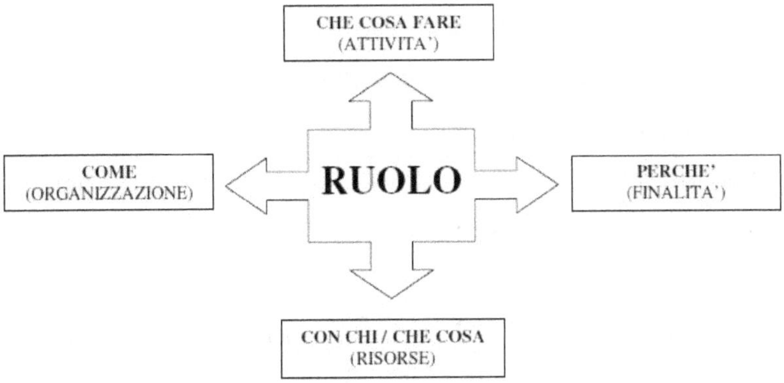

Nel sommario è necessario anche indicare la composizione del gruppo con le caratteristiche delle persone.

Le persone hanno infatti ruoli che le collocano rispetto alla nostra idea iniziale:

"Mio fratello si occuperà della parte commerciale perché conosce i prodotti, sa parlare e convincere, è disponibile a trasferte... mentre io seguo la progettazione e la produzione..."

L'imprenditore ha già alcuni elementi per definire alcuni ruoli e immagina quali sono i punti salienti e descrittivi di ciò che ha in mente di realizzare.

Le persone (non solo i soci) coinvolte nel progetto sono una delle **4 risorse caratteristiche dell'impresa**.

L'azienda ha infatti bisogno per tradurre in realtà l'idea imprenditoriale di:

- **risorse umane**
- **risorse economiche**
- **risorse strumentali e materiali**
- **risorse logistiche**

Usate questi punti come domande utili per descrivere l'Idea e completare la scheda iniziale.

Nel Business Plan (BP) dedicheremo due capitoli di approfondimento rispetto alle prime due voci. Per le **risorse materiali e strumentali** è di immediata evidenza che per realizzare alcune proposte sono necessari macchine, strumenti, tecnologie, know how... che potremmo avere o dovremo acquistare.

Così come per la logistica, in ogni caso, anche se vendiamo telefonini attraverso un negozio virtuale su Ebay, è necessario **identificare un luogo** della nostra attività. In altri casi esistono imprese che fanno della logistica il cuore dell'idea imprenditoriale. Esiste infatti un settore che si chiama Logistica.

Ecco il sommario:

Tema	**descrizione**
Idea	
Risorse umane e ruoli	
Finalità	
Risorse economiche	
Risorse strumentali	
Risorse logistiche	
Azioni che devo mettere in campo per arrivare all'avvio d'impresa	1 2 3 4 5 6 ...

Al di là degli aspetti concreti, c'è una domanda che imbarazza sempre nella stesura del Sommario esecutivo: **perché lo fai?** Dove vuoi arrivare tra 5 o 10 anni?
La domanda sulla motivazione è importantissima perché il carburante quando c'è da correre, l'antidoto quando siamo in difficoltà, la risposta costituisce **la forza che sta dietro e dentro all'idea**. Anche in questo caso, all'inizio potrebbero esserci difficoltà nel chiarire bene questo aspetto ma le tappe che seguono fanno emergere sempre più la spinta profonda che ci porta ad intraprendere l'attività.
L'imprenditore – la parola – nella sua etimologia è costruita su questa idea dell'*intraprendere un viaggio che è per prima cosa interiore*. Ci torneremo tra breve.
Quando ci sono più soci, tutti devono contribuire a compilare la scheda inserendo le loro motivazioni, aspirazioni, interessi.

Lo stesso dicasi per **ciò che conferiscono all'impresa**: ho un computer, io metto a disposizione il magazzino di proprietà, ho messo da parte 5000 euro…

La scheda si chiude con un elenco in bianco di **azioni** che pensiamo di dover realizzare per arrivare all'apertura, all'inaugurazione.
Normalmente l'elenco all'inizio non è molto ricco ma

anche questo si completa man mano che si affrontano le sezioni della guida.

Chi sono o chi siamo

Una domanda che non ci facciamo spesso ma che dobbiamo porci per definire bene le risorse che mettiamo a disposizione dell'impresa.
Il curriculum che le persone presentano per rispondere all'annuncio di lavoro non contiene tutti gli elementi indispensabili per valutare una persona. Infatti a quello segue il colloquio che ha come obiettivo conoscere la persona non solo per quello che ha fatto e imparato ma per le sue caratteristiche personali.
Anche nella costruzione del BP è necessario raccogliere tutti questi aspetti per cui allegheremo il curriculum delle persone coinvolte ma anche **una descrizione sintetica delle caratteristiche degli imprenditori**. È indispensabile per chiarire bene i ruoli (così come avevamo abbozzato nell'esempio del fratello che seguirà l'area commerciale...).

Per raccogliere queste caratteristiche propongo una griglia che si utilizza nell'orientamento delle persone quando cercano lavoro per prepararle al colloquio:

CHI SONO

L'utente descrive se stesso attraverso 10 definizioni. Queste vengono elencate e classificate secondo un ordine di importanza. L'operatore ricostruisce la figura e sulla base delle osservazioni dell'utente vengono confermate o modificate.

DEFINIZIONI	°	CONFERMA	+ -

Basta prendere questo file word e stilare per ogni socio un elenco di **dieci caratteristiche personali** che si ritiene siano utili e coinvolte nell'attività lavorativa. Per avere un buon apporto da questa analisi bisogna inserire **sia aspetti positivi che negativi**, in quanto è necessario utilizzare questa occasione anche per riflettere su punti di miglioramento e di criticità. Avere consapevolezza di questi elementi è indispensabile per una persona che sta per affrontare un nuovo impegno lavorativo o che è in procinto di avviare un'attività con altre persone.

Nella prima colonna inseriremo 10 caratteristiche sia positive che negative **collegate all'ambito lavorativo**, dopo inseriremo nella colonna centrale una **classifica di importanza**.

La colonna di conferma ci serve per contestualizzare le

caratteristiche.
Dobbiamo quindi pensare a situazioni, occasioni, fatti concreti che ci hanno confermato che abbiamo quel tratto caratteriale.
Questo lavoro di contestualizzazione è molto utile per evitare ridondanze e per poter avere sempre chiaro, per noi ma anche per altri, che cosa intendiamo con quel vocabolo.
La presenza di caratteristiche positive, poi, permette di mettere in relazione queste con i punti deboli in modo che i primi diventino gli antidoti dei secondi. Talvolta alcune criticità sono dovute più a un elemento quantitativo che qualitativo: una persona molto precisa, può eccede a comportamenti troppo puntigliosi e pedanti. Quindi è necessario pensare a strategie e comportamenti, al di là della consapevolezza da acquisire, che consentano di evitare i comportamenti e le conseguenze negative di questo aspetto della propria personalità.

Nella colonnina finale, una volta fatta questa verifica e contestualizzazione, confermeremo o meno alcune caratteristiche, la loro valutazione e se sono aspetti positivi o meno della nostra personalità (con un + o con un -).

A questo punto possiamo stendere il profilo sintetico delle persone coinvolte nel progetto (quelle più importanti, ossia i soci e i collaboratori che avranno ruoli chiave).
Queste schede si possono comodamente scaricare in un

documento word sul sito www.meetorienta.com alla sezione lavoro – mettersi in proprio.

Cognome e nome	**descrizione**
Ruolo Identificato o immaginato nell'impresa	
Conoscenze / studi	
Capacità Strumenti, tecniche, manualità...	
Esperienze Che lavoro hai fatto fino ad ora?	
Motivazioni e Aspirazioni Perchè lo fai e dove vuoi arrivare?	
Attitudini Che cosa ti riesce meglio e senza sforzo?	

La fisionomia e le caratteristiche del gruppo prendono forma e si delineano come risorse umane interne, anche se ci sarà poi il capitolo dell'organizzazione che darà un ordine a queste risorse umane assegnando compiti e responsabilità.

Con queste schede termina il capitolo iniziale del Piano che sarà anche oggetto di costante aggiornamento e revisione.

La concorrenza

Gli altri? Gli altri!

Non siamo i soli, non siamo i primi anche se magari siamo unici, diversi e diventeremo i primi.

Dopo esserci guardati dentro, il passo successivo è guardare fuori, lì dove altri stanno facendo cose che assomigliano a quelle che vorremmo fare noi. Oppure fanno cose diverse ma si rivolgono ai clienti che vorremmo avere noi. Magari sono fisicamente vicini o stanno dall'altra parte del mondo.
I concorrenti, come dice la parola, **sono quelli che corrono sulle nostre stesse piste**, anche se le corsie sono spesso tracciate in modi diversi.
Perché è importante guardare fuori?
L'esperienza è un valore. Anche se la nostra idea è fortemente innovativa, il mercato è emergente, nuovo, inesplorato... ci sono imprese che hanno fatto qualcosa che ci può aiutare a migliorare la nostra idea.
In questo capitolo è indispensabile avere un **approccio curioso e aperto.** I nostri concorrenti sono realtà. Sono già uscite dai nastri di partenza. Stanno operando e quindi

hanno superato tutte le fasi di analisi, verifica, sistemazione che ci attendono.

La nostra analisi può essere necessaria per differenziarci o per seguire alcune indicazioni che riteniamo possano arricchire la nostra idea, darle concretezza, rafforzarla.

Quindi se vogliamo sintetizzare i motivi che ci spingono a fare una seria analisi della concorrenza, possiamo trovarli in questi:

1. Chi opera nel mercato ha affrontato e risolto i problemi che incontrerò.
2. I clienti valutano ciò che propongo e quello che offrono altri e quindi è importante sapere cosa e come gli altri si comportano nei confronti dei clienti.
3. Trovo realizzate conferme e smentite rispetto a cose che ho pensato e immaginato ma non ho ancora avuto l'occasione di sperimentare.
4. Alcune cose che non avevo pensato potrebbero piacermi e quindi possono completare, integrare, modificare la mia idea iniziale.
5. In che cosa sono diverso o migliore: l'occasione di vedere sul campo i risultati dei miei concorrenti può consentirmi di iniziare a capire se e quali sono i miei vantaggi competitivi.
6. Su cosa posso migliorare. Quando verifichiamo che alcune attività hanno successo perché puntano su alcuni aspetti rispetto ai quali siamo carenti, troviamo anche i nostri punti di miglioramento. Potremmo allora anche definire azioni che ci portino a migliorare questi aspetti sia prima che dopo l'apertura. Basti pensare allo strumento della

formazione o alla necessità di acquistare attrezzature o prevedere delle collaborazioni o delle consulenze.

Una cosa è assodata, ci sono attività e imprese che nel mercato stanno già facendo qualcosa che risponde al bisogno al quale vorremmo rispondere anche noi. Questo avviene anche nelle attività fortemente innovative.
Fenomeni storici come l'avvento di internet o di Face book, l'invenzione dell'automobile sono rivoluzioni del "consumare" ma rispondono in una maniera completamente diversa a bisogni che appartengono all'animo umano: comunicare, spostarsi... nella loro genialità e capacità di rivoluzionare hanno comunque risposto alle medesime domande cui rispondevano i produttori di calessi, di telefoni, di servizi postali. Quelle rivoluzioni tecnologiche sono diventate anche rivoluzioni culturali perché hanno trovato risposte completamente nuove a bisogni che appartengono all'animo umano.
Torniamo alla normalità per dire che l'innovazione è un fenomeno importante ma non decisivo per dire che un'impresa possa aver successo. Inoltre è un elemento relativo: se non c'è nessuno che realizza questo prodotto in Italia, il semplice fatto di importarlo è "innovativo".

Guardare gli altri, che corrono sulle nostre stesse piste, ci consente di ottenere alcune coordinate per muoversi nel mercato.

Possiamo infatti:

a) Imparare dalla concorrenza
b) Coprire nicchie lasciate libere
c) Studiarne la forma (accentrata, polverizzata)
d) Copiare, esagerare, sottolineare, fare il contrario.

Soprattutto possiamo divenire sempre più **consapevoli delle nostre scelte**. Accorgersi che nessuno dei miei concorrenti usa internet per promuoversi è un bel punto interrogativo. Avranno provato e non funziona, i clienti non lo usano, perché? Magari è necessaria un'applicazione altrimenti non è efficace? Forse qualcuno negli Stati Uniti invece ne utilizza una?

Scopriamo anche che ci sono luoghi che sono saturi e altri invece, che magari piccoli, sono lasciati completamente liberi.

L'analisi della concorrenza è certamente una fatica, richiede costanza ma avvicina la nostra idea alle realtà concrete e ci costringe a confrontarla con queste. L'atteggiamento deve essere – lo ripetiamo - di curiosità e di apertura.

La ricerca parte da alcune domande necessarie a definirne il contorno:

- Chi sono e quanti sono i miei concorrenti?
- Quali sono i fattori essenziali di successo del concorrente?
- Quali sono i punti di debolezza del nostro principale concorrente?
- In quali aspetti ci differenziamo dalla nostra concorrenza?

La prima domanda ci spinge a mettere su una cartina geografica o su un elenco i nomi di quelle realtà che rispondono ai clienti che domani vorremmo avere per offrire servizi o prodotti che rispondono a bisogni che noi vorremmo soddisfare.
Non dico che "offrono prodotti e servizi simili ai nostri" perché potremmo offrirli diversi ma che rispondono agli stessi bisogni. Esempio: vorrei aprire un ristorante argentino dove si balla il tango... Nel mio territorio non ce ne sono: guarderò ristoranti di cucina etnica e locali dove si balla latino americano. Ci sono a Roma ristoranti argentini dove si balla il tango: andrò ad esaminare quelle realtà, per capire una serie di cose che ritengo importanti e che nella realtà locale non posso scoprire né dai ristoranti etnici né dai locali dove si balla. Non posso andare solo a Roma e tralasciare il mio territorio perché i locali del mio territorio stanno rispondendo a bisogni di quelli che potranno essere miei clienti.

Non è una ricerca fine a se stessa perché ha una finalità molto concreta. Quando avremo aperto la nostra attività saremo anche noi esposti e giudicati con gli stessi parametri che abbiamo usato per valutare i nostri concorrenti.
Uno dei modi per guardare è quello di "usare gli occhi del cliente": guardare quello che il cliente osserva e giudicare capendo il suo metro di giudizio. In questo siamo facilitati perché tutti noi siamo "clienti" e qualche volta l'idea è nata

proprio perché da clienti avremmo voluto qualcosa di diverso.

Il metodo di analisi

Come si imposta e si conduce la ricerca?

Il metodo deve essere semplice e lineare, perché parte dalla nostra idea. La prima cosa è **identificare il settore** e scriverlo in maniera chiara. Se non era completo nel sommario il riferimento al settore, dobbiamo integrarlo.

Quando il settore è vasto, come per il caso visto negli esempi della ristorazione e dei locali da ballo, dobbiamo circoscriverlo sulla base sempre del comportamento dei clienti che ci immaginiamo interessati a quello che vogliamo proporre.

In un caso c'era l'idea di etnicità ma anche attenzione verso i luoghi di divertimento (sale da ballo).

Per molti settori ci sono delle **fonti** che ci aiutano moltissimo nel recuperare informazioni. Pensiamo alle raccolte di dati delle camere di commercio, alle guide kompass, alle riviste di settore, alle associazioni di categoria che pubblicano studi ed elenchi di imprese.

Un altro consiglio è quello di comportarci come fanno i clienti quando cercano chi offre quel servizio: pagine gialle, internet, inserzioni su giornali, guide e riviste.

Diciamo che internet è una fonte veloce e comoda ma non

ci si può accontentare solo di una ricerca da scrivania: bisogna **andare sul campo**.

Per esempio una delle cose importantissime nell'analisi è determinare **i prezzi dei nostri concorrenti**. In molti settori i prezzi non ci sono, anche per chi ha un sito internet. Allora operare sul campo significa anche fare un lavoro di "intelligence". Spedire richieste di preventivi. Andare al ristorante argentino a cena e studiare il menù, l'arredamento...

I settori che offrono servizi pubblici sono molto trasparenti per quel che riguarda i prezzi ma alcune politiche di sconto non sono quantificabili con una semplice ricerca sulle guide di alberghi e strutture ricettive stampate o messe online per i turisti.

L'analisi delle fonti è indispensabile per ottenere una serie di informazioni ma anche per scoprire che alcune domande rimangono senza risposte sufficienti. Per cui **il secondo passo è scrivere le domande** (sia quelle che hanno trovato risposta, che quelle che non l'hanno trovata).

Con le domande e le fonti che ci dicono chi sono i nostri concorrenti (i nomi) costruiamo la griglia di osservazione, perché il nostro scopo è di confrontare e raccogliere informazioni a cui dare un valore.

Ne nasce la **matrice di analisi della concorrenza.**

È una rappresentazione che permette la raccolta e il confronto di informazioni da più concorrenti.

Aziende concorrenti	sede	sito	Cartelli stradali...
Sinco Spa	Como	www.sinco.com	No
Infor Srl	Cantù	www.infor...	Sull'autostrada
Zotti Snc	Varese		10 cartelli in città

Sul sito www.meetorienta.com alla sezione lavoro – mettersi in proprio trovate lo schema excel che serve per costruire questa griglia, dove le colonne si moltiplicano per tutte le domande che vi vengono in mente sia prima che durante la ricerca.

Nella colonna finale si inserisce un punteggio. Lì dovete mettere la vostra valutazione del potenziale concorrente. Se vi rendete conto che quello che fa e i clienti che ha hanno nulla o poco a che fare con la vostra idea, quello non sarà un vostro concorrente. Tuttavia, nell'analisi magari avete trovato qualcosa di utile. Per esempio ha un bel sito e noi ne vorremmo uno con quelle caratteristiche. Per questo nei campi della matrice possiamo inserire giudizi, link e informazioni, perché se ci piace il sito e domani abbiamo un incontro con la persona che realizzerà il nostro sito, dalla matrice recuperiamo il link per mostrarlo.

Possiamo inserire valori numerici, prezzi, link a listini e a depliant pubblicitari.

Questo lavoro di analisi e di visite sul campo (quanti posti auto ha il parcheggio, quanto dista dall'autostrada, quanti cartelli ci sono per arrivarci, è facilmente reperibile, ha la pubblicità sul quotidiano locale una volta a settimana, fa gli sconti e la consegna a domicilio...).

Considerate che tutte queste notizie e azioni sono il frutto del loro modo di agire nel mercato e dell'esperienze che hanno maturato, facendo prove, spendendo soldi, avendo riscontri positivi e negativi.

Vi sentirete magari degli "spioni" ma è necessario per far **maturare la vostra idea**.

È un modo di risparmiare, perché fare esperimenti e tentativi ha un costo (che loro hanno già sostenuto).

In sintesi:

1. Per costruire la matrice, come prima cosa, *visito un concorrente che mi piace*.
2. *Scrivo appunti* su cose che mi piacciono, altre che non mi convincono.
3. Vorrei conoscere alcune cose ma mi rendo conto che devo trovare delle fonti diverse.

Le due fasi della ricerca

La fase 1 della ricerca è quindi quella di visitare un numero limitato di concorrenti per sbozzare la ricerca.

Definite così meglio le domande e anche un metro di giudizio per valutare quelli che sono i vostri veri concorrenti, così avrete completato la parte delle colonne della vostra griglia.

A questo punto la **fase 2** consiste nel trovare qualche altro concorrente che ha i medesimi parametri e passare ad approfondire con le domande complete l'analisi in modo da avere tutte le risposte relative solo a quegli operatori che giudicate essere i vostri veri concorrenti.

Con il giudizio finale avrete anche una classifica di quelli che ritenete i vostri primi tre concorrenti.

I vostri migliori concorrenti saranno coloro che hanno risposto meglio alle esigenze del mercato che vi interessa. Non solo, osservando i concorrenti avete anche già iniziato ad esaminare i clienti.

Dall'analisi della concorrenza compilando la matrice, articolo **riflessioni** che mi sono **utili** per agire ma anche per capire qualcosa di importante sul **mercato** e i **clienti** e quindi questo è il collegamento con il capitolo del Business Plan che segue.

Per chiudere l'analisi bisogna però formalizzare gli elementi raccolti in una riflessione che ci permetta di calare quanto appreso all'interno della nostra idea e lo strumento è quello della **fase tre: l'analisi SWOT**.

Riprendo la definizione riportata da Wikipedia e vi invito a guardare su quella fonte gli approfondimenti: "L'**analisi SWOT** (conosciuta anche come **matrice SWOT**) è uno strumento di pianificazione strategica usato per valutare i punti di forza (***S**trengths*), debolezza (***W**eaknesses*), le opportunità (***O**pportunities*) e le minacce (***T**hreats*) di un progetto o in un'impresa o in ogni altra situazione in cui un'organizzazione o un individuo debba svolgere una decisione per il raggiungimento di un obiettivo. L'analisi può riguardare l'ambiente interno (analizzando punti di forza e debolezza) o esterno di un'organizzazione (analizzando minacce ed opportunità)."

Questo schema molto semplice ci permette di dare un giudizio sia dello stato attuale dei concorrenti ma anche delle condizioni del mercato che potrebbero modificare la situazione che abbiamo visto.

Uno degli elementi di novità da considerare è infatti il nostro ingresso in quel mercato, così come quello di altri.

Lo schema risponde a queste quattro domande:

1. Quali sono i suoi punti di forza?
2. Quali i suoi punti deboli?
3. Ci sono cose che potrebbero minacciarlo nel futuro?
4. Quali opportunità potrebbero presentarsi?

CONCORRENTE:

Punti di forza (interni all'impresa)	Punti di debolezza (propri dell'impresa)
Opportunità (esterne: provenienti dal mercato e dal territorio)	Minacce (esterne: provenienti dal mercato e dal territorio)

Compilo questo giudizio rispetto ai miei tre concorrenti più

forti e mi pongo le medesime domande rispetto alla mia idea di impresa: Quali punti di forza e debolezza ma soprattutto su quali opportunità devo concentrarmi, che fare per coglierle e come proteggermi dai pericoli e dalle minacce? Come si comportano gli altri e quindi quali indicazioni potrebbero essermi utili.
Come posso sfruttare alcuni loro punti deboli e dove devo impegnarmi per far sì che all'apertura i miei punti deboli siano diminuiti.

Rispondere a queste domande significa costruire una griglia anche per la mia idea che già in questa prima parte del Piano d'impresa inizia ad apparire meno "ingenua" e un po' più concreta.

Il Mercato

Il concetto base del mercato

Nei manuali sul Piano d'impresa molti danno molta enfasi alla parte che riguarda il mercato e alla vendita.
Il *marketing* è un focus importante all'interno di qualsiasi azienda.
Ma cos'è il marketing?
Provocatoriamente e fuori da schemi e letteratura, potrei dire che il marketing ***è il nostro modo di stare al mondo*** e mette in campo azioni per far sì che il mondo si accorga di noi e acquisti ciò che proponiamo.

In questo capitolo useremo spesso l'immagine del mercato come se fosse un luogo. È una rappresentazione molto comoda per il ragionamento generale, anche se oggi i mercati sono spesso slegati e non vincolati dai luoghi.
I consumatori e le imprese acquistano beni e servizi online, per cui il mercato è sempre più aperto e meno legato al territorio però pensiamo – per comodità di ragionamento - che anche il web sia un territorio.
La metafora del luogo è utile perché dobbiamo ritagliare per

la nostra azienda **uno spazio nel quale operare.**

Per poter "agire" è indispensabile individuare "dove collocarci" nel mercato secondo una serie di temi che sono importanti sia per **differenziarci dagli altri**, sia per sviluppare azioni che ci consentano di fare ciò che vorremmo e raggiungere gli obiettivi che ci prefiggiamo.

Dal momento che non è possibile per la neoimpresa soddisfare chiunque, cioè tutti i potenziali clienti di un settore, c'è la necessità di determinare alcune aree (tipologie di clienti o interessi/bisogni) su cui **concentrare il proprio agire**.

Si parla in gergo di "**segmentare il mercato**" cioè dividere questo campo per consentirci di entrarci.

Essere in grado di rispondere a tutte le possibili richieste di un mercato richiederebbe una capacità, una forza, una presenza elevatissimi.

Questo capitolo ha quindi la funzione di darci gli **strumenti per leggere e comprendere il mercato** e per operare in modo da poter **trovare una o più collocazioni all'interno di questo scenario.**

Per condurre questa ricerca abbiamo raccolto alcune notizie molto interessanti nell'*analisi della concorrenza*. Abbiamo visto *chi sono i clienti, come si comportano, che cosa fanno i nostri concorrenti per comunicare, vendere, produrre per rispondere ai bisogni e le richieste dei clienti*.

Partiamo quindi dal lavoro già fatto nel capitolo precedente per trovare gli argomenti che ci consentono di suddividere il mercato in modo da rendercelo più accessibile.

Nella **matrice** selezioniamo quindi le colonne che ci dicono qualcosa di importante e distintivo sul mercato: per esempio i prezzi (meglio i prezzi medi).

Esempio di analisi concorrenza e dei clienti
I nostri potenziali concorrenti hanno prezzi alti, altri medi, alcuni bassi.
Per realizzare la nostra idea ci interessano i clienti che acquistano abiti di alta moda.
Magari quelli che hanno prezzi alti hanno un numero di clienti limitato.
Il segmento di mercato a prezzi alti (magari con qualità alta, magari immagine raffinata) è limitato ed ho calcolato che ci sono 200 potenziali clienti.
Il mio concorrente principale ne serve in media 50 (anche a me interessano quei clienti). Nel territorio che mi interessa ci sono altri due concorrenti che hanno questa fascia di clienti e servono altri 80 clienti. Lì però vivono 200 potenziali clienti. Questo significa che molti clienti potenziali non trovano risposte adeguate al loro bisogno e c'è spazio per poter operare. Queste persone magari si spostano per i loro acquisti perché nessuno dei tre negozi ha alcune linee di abbigliamento che vorrei invece proporre.
Abbiamo un mercato aperto.
Al contrario potrei scoprire che il mercato dei prezzi bassi è

saturo e quindi se volessimo entrare in quello dovremmo trovare delle strategie indispensabili per poter aver successo. Se facessimo le stesse cose degli altri, non potremmo entrarci...

Questo è il meccanismo mentale che dobbiamo applicare nella definizione dei segmenti di mercato. Ripercorro la matrice e guardo al mercato che mi interessa e lo divido in categorie.

Dovrò infatti dare risposta a queste **quattro domande**:

1. Qual è il mercato nel quale abbiamo deciso di operare?
2. Chi sono i potenziali consumatori?
3. Quali sono le motivazioni di acquisto del consumatore?
4. Quanto è grande il mercato da servire: c'è una quantità sufficiente di possibili clienti?

Le risposte ci avvicinano sempre più ad alcuni punti che vanno definiti:

- Caratteristiche distintive rispetto alla offerta della concorrenza,
- Quali bisogni soddisfa la mia proposta,
- A quale tipologia di clientela si rivolge la mia impresa e qual è il suo vantaggio competitivo.

Per proseguire questo ragionamento abbiamo però bisogno di introdurre anche un aspetto più generale che l'imprenditore deve sempre aver presente e rispetto al quale è necessario tenersi aggiornato: **la situazione economica e sociale del contesto** dove intendo operare.

Questo ci consente di collegare la fotografia di ciò che accade e metterla in prospettiva rispetto al cambiamento.

Quando l'Unione Europea ha imposto le sanzioni alla Russia, i mobilieri canturini hanno sofferto perché il mercato russo era molto interessato ai loro prodotti.

Un fatto politico può incidere sui comportamenti di acquisto.

I produttori di tessuti in seta hanno beneficiato del cambio dollaro euro così come tutte le imprese di esportazione...

Un fatto economico generale influisce sui mercati e può aprire opportunità nuove.

L'imprenditore guarda al mercato ma anche ai fenomeni che lo possono modificare.

Il contesto economico e sociale

Le informazioni che ci consentono di capire ciò che accade nel panorama economico non sono solo ciò che leggo nei giornali, perché la stampa sottolinea fenomeni che hanno un impatto sull'opinione pubblica: incidono sulle loro vendite e sul mercato ma non colgono tutto perché la loro attenzione è altalenante. Per conoscere ciò che accade con costanza nel tempo è molto più utile individuare due o tre fonti che costantemente e periodicamente (non certo tutti i giorni) pubblicano delle informazioni che ci consentono di capire se ci sono elementi esterni o interni al nostro contesto di riferimento che cambiano e che ci interessano.

Tipicamente le **Camere di Commercio** (che hanno la funzione di raccogliere e gestire informazioni che riguardano il tessuto economico e sociale) pubblicano dei rapporti periodici trimestrali, degli studi tematici e settoriali annuali.

Hanno informazioni che possono essere consultate liberamente. Inoltre gestiscono dati che sono accessibili dietro richiesta e talvolta a pagamento.

Potrei – per esempio - chiedere quante imprese esportano in Bulgaria. Il numero delle imprese è pubblico ma l'elenco è a pagamento (è un esempio non tanto lontano dalla realtà).

Per le zone turistiche ci sono studi sui flussi turistici. Se siamo in distretti industriali ci saranno analisi commissionate dai distretti per monitorare e mappare alcuni dati e informazioni utili per seguire il settore nel suo evolversi.

Quasi tutti questi dati si possono scaricare dalle sezioni studi dei siti internet di questi enti o delle associazioni di categoria.

È importante sottolineare che la gran parte delle azioni che sono indispensabili per impostare il Business Plan non si devono limitare al periodo pre-apertura. Il Piano infatti – non mi stanco di ripeterlo – è un metodo ottimo anche di gestione della vita dell'impresa.

Il lavoro di **informazione costante sui fenomeni esterni**, che influiscono sull'idea, ci consente di inserirla inizialmente nel

contesto ma nel tempo ci consente di monitorare i cambiamenti che – come abbiamo visto nell'analisi Swot – possono portare con sé minacce e/o opportunità.
I fenomeni sociali, culturali, politici sono talvolta più incisivi di quelli economici perché hanno una diretta conseguenza sui comportamenti delle persone.
Questo capitolo mette al centro le persone che diventeranno nostri clienti ed è importante per chi vuole offrire un servizio o un prodotto non perdere mai di vista l'esigenza di comprendere le dinamiche che stanno alla radice del loro agire, pensare, comportarsi.

I clienti: le caratteristiche distintive

È arrivato il momento di occuparci direttamente dei clienti e di costruirne l'identikit. Il compito di identificarli è centrale per arrivare a posizionarci nel mercato perché, anche se la nostra idea può essere innovativa, il suo successo è legato alla buona o cattiva accoglienza che gli riserverà il mercato.
Chi sono i miei clienti?
La domanda è chiara, chiunque se la pone e per rispondere coniughiamo due elementi "disponibili e accessibili" a chi ha l'idea imprenditoriale ed ha compilato le schede dei paragrafi precedenti:
1. gli esiti dell'osservazione dell'analisi della concorrenza;
2. elementi e temi identificativi del cliente ideale secondo

l'immaginazione e il desiderio dell'imprenditore.

Ossia la domanda che dobbiamo porci è: quali clienti dei miei concorrenti avrei voluto avere per la mia impresa? Quando penso al mio cliente tipo, quali sono le sue caratteristiche, interessi e bisogni?

Come abbiamo detto, se il mercato rimane indifferenziato, il bersaglio è troppo grande, non so a chi mirare

quindi devo identificare **bersagli più piccoli** per cercare di andare a segno.

L'operazione di identificazione di clienti che hanno caratteristiche diverse è abbastanza facile per chi è interessato ad un settore e lo conosce bene.

Il consiglio, per arrivare ad un quadro completo e per

compilare le schede che vedremo, è di pensare ai clienti che abbiamo "visto" acquistare dai nostri concorrenti ed elencare alcuni temi importanti per descriverli:

tema	importante
Disponibilità economica	
Età	
Condizione familiare	
Istruzione	
Stile di vita	
Periodicità d'acquisto	
Interessi nel tempo libero	
Professione	
...	

Cerchiamo sempre di attribuire un valore (un voto) che esprima l'importanza di questi temi. Per esempio, se volessi aprire un bar per giovani in centro città dove si balla e dove il costo delle consumazioni è elevato perché si suona dal vivo, alcuni di questi temi sono decisivi per distinguere chi verrà nel mio bar e chi invece è poco interessato.

Abbiamo bisogno di attribuire a questi gruppi di clienti i loro **temi distintivi** per arrivare a descriverli un po' meglio.

È come se avessimo bisogno di **attribuire loro una targa** di appartenenza e infatti questi gruppi di clienti che si comportano in maniera simile quando acquistano si chiamano: **target**.

Che cosa metto nella targa di questi clienti?

Ricordiamo l'esempio di poco fa: vorrei aprire un bar...

La prima cosa: **do loro un nome** (va bene anche di fantasia); esempio: "giovani coppie di buona famiglia".

Devo scrivere **quali sono le caratteristiche** che hanno in generale (escono il sabato sera e la domenica pomeriggio e cercano un ambiente riservato, giovane, arredato bene in un luogo romantico).

Aggiungo il loro **comportamento di acquisto**. Sono abitudinari ma non troppo ripetitivi, ordinano..., non sono attenti al prezzo...

Mi domando come fare per comunicare loro che il mio bar è perfetto per quello che stanno cercando. Inserisco quindi i **canali di comunicazione** adatti a raggiungerli.

Dopo aver descritto più target, riprendo l'elenco e do un voto (**valutazione di importanza**) a ciascun target sulla base della domanda: *quanto mi interessa avere clienti così?*

Quando clienti apparentemente diversi si comportano nell'acquisto e usano canali uguali, appartengono allo stesso target.

La griglia della targa è questa:

TARGET:

tema	**descrizione**	**valutazione**
Il cliente		
Caratteristiche descrittive		
Comportamento d'acquisto		

Canale promozionale		

(schema che si ripete per ciascun gruppo, presente nel format sul sito www.meetorienta.com)

Non posso accontentarmi di descrivere le "giovani coppie di buona famiglia", valuterò anche tutti gli altri potenziali target, più o meno interessanti, più o meno interessati al mio bar.

Le loro caratteristiche e il comportamento di acquisto sono decisivi per valutare se **target diversi sono tra loro compatibili**, oppure se ci sono azioni che posso mettere in campo per rispondere alle esigenze e ai comportamenti di acquisto di target diversi.

Se considero molto interessanti le coppie e le compagnie di giovani, potrei pensare di dividere il locale in uno spazio più romantico e meno rumoroso e chiassoso, con la musica che arriva più soffusa e uno spazio con tavoli più grandi dove le "compagnie di giovani" possono starnazzare senza problemi senza rischio di disturbare gli altri.

Questo esempio vale anche per zio e nipote che potrebbero pensare a due sale da pranzo diverse con menù diversi e canali di promozione distinti in modo da rispondere al desiderio di entrambi i soci. Se la sala è unica e indivisibile e il cuoco non è in grado di cucinare menù per due target così diversi e l'investimento non è adeguato al target alto, la scelta sarà quella dei menu turistici e aperta alle gite di un giorno cui aggiungere altri target compatibili.

Descrivere i target e valutarli sulla base della nostra idea ci porta ad **agire in maniera mirata** su una serie di aspetti che riguardano sia la promozione e comunicazione sia la realizzazione di quanto abbiamo in testa.

Fattori critici, obiettivi e strategie

Dall'analisi della concorrenza e dalla verifica del posizionamento nel mercato, gli elementi che determinano la produzione e l'acquisto del prodotto/servizio sono di fatto i **fattori critici** del successo dell'attività.
Cambiano in ogni mercato perché sono determinati dalla scala di valori del cliente.

Ci immedesimiamo nei nostri clienti potenziali e pensiamo a quali sono le cose che valutano e a quanto sono importanti.
Nelle schede dei target dobbiamo concentrarci quindi sui comportamenti di acquisto e sui canali di comunicazione.
Se i clienti valutano molto importante l'arredamento del locale, dovremo riportare nella griglia che segue la voce arredamento e dare i punteggi.
È necessario quindi **individuare le voci** e indicare da subito il nostro grado di **capacità di risposta** e **l'obiettivo di performance** che vogliamo raggiungere in un tempo di tre anni per poter dire che la nostra impresa risponde o risponderà nel tempo alle attese dei clienti.

La data di riferimento è quella del giorno di apertura.

fattori	A	B	C	T

Legenda per la compilazione delle colonne:

Nella prima inseriamo i temi (ciò che il cliente guarda e considera importante. Nelle successive, diamo una valutazione rispetto a:

A importanza per il mercato, quanto interessa al cliente (da 0 a 100)

B valore reale, ossia come rispondo a questa domanda (da 0 a 100)

C valore obiettivo, ossia a che livello di risposta vorrei arrivare (da 0 a 100)

T orizzonte temporale per raggiungimento obiettivo (espresso in mesi a partire dalla data di apertura dell'attività)

Questo quadro indica quali sono gli obiettivi del lungo, medio e breve termine. Se questa griglia si arricchisce delle risorse necessarie, di fatto rappresenta la sintesi di ciò che dobbiamo fare per rispondere al mercato e soddisfare i nostri clienti.

Non ci possiamo accontentare di elencare i temi che stanno a cuore ai nostri clienti target ma lo sforzo deve essere anche quello di valutare **come siamo in grado di rispondere** alle attese e stilare un programma che nel tempo ci deve permettere di essere sempre più rispondenti alle esigenze e alle richieste che il cliente ritiene importanti.

Non possiamo però nemmeno immaginare ed illuderci di poter rispondere da subito a tutte le richieste (fin dall'apertura) ma diamo a questi temi il valore che i clienti gli riconoscono e costruiamo **un programma di miglioramento.**

Ogni azione, precedente all'apertura e successiva, comporta costi, investimenti, lavoro. Pertanto è ingenuo dire che risponderemo a tutto e la nostra capacità di risposta sarà massima.

Il ragionamento, che si impone sulle scelte che riguardano investimenti e azioni da mettere in campo prima e dopo l'apertura, è il frutto di un **incontro tra i bisogni dei clienti e i nostri bisogni e aspirazioni.**

Per arrivare a definire come operare e quali priorità dare al nostro agire è decisivo riflettere sulla scheda che vi proponiamo di seguito.

La domanda che ci dobbiamo porre è: quali sono le cose che mi stanno a cuore? Che cosa voglio ottenere da questa attività, in quanto tempo?

Perché il mercato ha in sé, nella sua stessa definizione, l'idea

dello scambio reciproco. Deve esserci una reciprocità tra le esigenze dei clienti e quelle dell'imprenditore (o dei soci, tema ancora più articolato e complesso).
Nel complesso le azioni che l'imprenditore, o i soci, mettono in campo per rispondere alle esigenze e attese dei clienti e alle proprie, determina **la pianificazione strategica**.

La scheda **Obiettivi e Strategie** si focalizza su ciò che ci si attende da questa impresa.
Anche in questo caso non si può pretendere di trovare risposte immediate ma si deve ipotizzare che ci sia un percorso che consente all'impresa di rispondere alle attese dell'imprenditore nel tempo.
Nel sommario (la prima scheda del Piano) vi avevamo chiesto: perché lo fai? Quali sono le tue motivazioni ed aspirazioni.

Nella scheda che proponiamo, abbiamo inserito anche qualche riga di esempio.

Fattore	A	B	C	T
Avere molti clienti (100 al mese)	90	0	60	12
Avere un margine di guadagno alto per ciascuna unità venduta	80	70	80	24
Essere i primi nel settore				
Aprire una seconda sede				

Essere conosciuti				
...				
...				
...				

Legenda:

A importanza (da 0 a 100)

B valore di avvio (da 0 a 100)

C valore obiettivo (da 0 a 100)

T orizzonte temporale per raggiungimento obiettivo (mesi)

La prima riga è completa e si legge in questo modo: per l'imprenditore è molto importante avere almeno cento clienti al mese, all'inizio non si può determinare quanti potrebbero essere, ma al termine del primo anno la volontà e gli investimenti saranno indirizzati al averne un numero sufficiente anche se non pieno rispetto all'obiettivo.

Nella seconda si dice che si vorrebbe avere un buon margine di guadagno e che questo è possibile già fin da subito (in relazione ai costi e ai prezzi) ma si ritiene di dover agire sui costi, i prezzi e i volumi di vendita per far sì che nel giro di due anni il rapporto tra il prezzo di vendita e il guadagno migliori fino ad arrivare all'obiettivo atteso.

Tutti questi indicatori sono inseriti con l'idea e la consapevolezza che sono necessarie azioni che permettano il miglioramento.

Lo scenario complessivo che si prospetta dopo aver compilato la scheda descrive gli obiettivi del cliente e quelli dell'imprenditore **determina la strategia aziendale** e fornisce delle indicazioni molto preziose per la verifica economica dell'impresa, imponendo talvolta delle scelte e delle priorità per far sì che non ci sia squilibrio tra le attese dei clienti e le aspirazioni dell'imprenditore.

Realizziamo la nostra impresa perché vorremmo raggiungere degli **obiettivi che abbiamo ben chiari.**

Ma sono i clienti, attraverso l'acquisto, che permettono questo.

Tra ciò che cerca il cliente, ciò che offro e quello che mi aspetto dall'impresa deve esserci una **convergenza**.

Devo quindi chiedermi quali sono le cose che mi aspetto dai miei clienti.

Se ho capito cosa vuole il cliente,

Se ho capito cosa voglio io,

Allora devo fare delle cose

È un fare per essere.

Ed il **Marketing** – come abbiamo scritto all'inizio di questo capitolo - è un fare e comunicare cose per esistere nel mercato.

A questo punto è indispensabile incrociare alcuni elementi del Piano e anticiparne alcuni che hanno a che fare con gli aspetti economici ed organizzativi (che poi necessariamente dovremo riconsiderare e verificare nei capitoli relativi).

Questa relazione tra domanda e offerta si gioca sulla risposta a quattro domande fondamentali dalle quali discendono le risposte che l'impresa propone al mercato:

Cosa offro?

A questa domanda si risponde riflettendo sul prodotto o servizio e sulle rispettive componenti: numero, marca, aspetto, confezione...

In cambio di cosa?

Per dare risposta ci riferiamo al prezzo, alle condizioni di vendita, agli sconti...

Attraverso quali canali raggiungiamo i clienti?

A questa domanda possiamo rispondere riflettendo sulla politica commerciale, sui canali di distribuzione, sui servizi di vendita.

Con quali modalità operiamo?

A questa domanda si risponde indicando sulla comunicazione che riguarda il prodotto o servizio e a tutti quei corollari che lo arricchiscono e distinguono: assistenza tecnica, assicurazioni, garanzie.

Il **Marketing Mix** è quindi:

- descrizione del prodotto / servizio
- fissazione dei prezzi
- scelta del sistema distributivo e/o di erogazione del Prodotto / servizio
- determinazione di un piano di comunicazione

PRODOTTO SERVIZIO	VENDITA	PREZZO	PROMOZIONE
❑ Caratteristiche e accessori	❑ Canali	❑ Listini	❑ Fiere
❑ qualità	❑ logistica	❑ sconti	❑ mostre
❑ gamma	❑ rete di vendita	❑ margini	❑ convegni
❑ imballaggio	❑ territorializzazione	❑ credito a clienti	❑ sponsor
❑ stile	❑ personalizzazione	❑ modalità pagamento	❑ eventi
❑ nome	❑ politiche di prezzo	❑ prezzo consegna	❑ direct mail
❑ marchio	❑ notorietà	❑ prezzo assistenza	❑ promozione consumatore
❑ esclusiva	❑	❑	❑ pubbliche relazioni
❑ immagine	❑	❑	❑ materiali pubblicitari
❑ Garanzie su prodotto	❑	❑	❑ giornali
❑ garanzie su servizio	❑	❑	❑ riviste
❑ trattamento reclami	❑	❑	❑ TV
❑ assistenza tecnica	❑	❑	❑
❑ consegna	❑	❑	❑
❑ numeri verdi	❑	❑	❑
❑ prenotazioni	❑	❑	❑
❑	❑	❑	❑

La domanda del mercato si incrocia con l'idea imprenditoriale. Quanto più il mercato riconosce l'idea, e quindi questa è inserita nel mercato, più avrà successo se ben realizzata.

Il Mercato è quindi anche un elemento chiave per l'organizzazione. Il Marketing, che è lo strumento per stare nel mercato, detta quindi anche alcune condizioni gestionali.

Di seguito vediamo rappresentate graficamente queste scelte

Gli orientamenti possibili su cui agire sono tre

Questi tre orientamenti contraddistinguono fortemente le

attività e le politiche commerciali dell'impresa e influiscono sui costi.

Il prezzo

Il prezzo è l'unico elemento del marketing mix che produce ricavi. Tutti gli altri producono costi.
Per procedere con il ragionamento che riguarda la determinazione dei prezzi (anche perché poche aziende hanno un unico prodotto) introduciamo qualche concetto semplice.

Utilità: è la capacità, da parte di un prodotto o di un servizio, di soddisfare i bisogni o le esigenze di un cliente (tempo, luogo, possesso, immagine).

Valore: è la misura della valutazione soggettiva di un prodotto o servizio da parte dei potenziali acquirenti.

Dobbiamo iniziare a raccogliere dati e informazioni che ci consentano di definire alcune cifre.
Per esempio, possiamo iniziare a chiedere preventivi che riguardano gli strumenti, la sede, le materie prime, i costi del personale.
Infatti i criteri di determinazione del prezzo sono:

- costi di produzione e di distribuzione;
- analisi dell'offerta e della domanda (dimensione del mercato e quantità di prodotto disponibile);
- concorrenza (prezzi dei concorrenti diretti).

I costi possono essere di tipologie diverse:

Costi diretti – variabili (sono i costi del lavoro, materie prime, semilavorati, componenti e canali di vendita), sono dipendenti dalla quantità di ciò che produco e vendo.
Costi indiretti – fissi (manutenzione, affitti, ammortamenti, gestione, spese generali) che non cambiano. Anche se non vendo, li devo sostenere.

Un'impresa ha un limite che determina l'andamento delle attività. Questo può essere rappresentato con un grafico che individua il **punto di pareggio** detto Break Even Point.
Graficamente il punto di pareggio si visualizza come segue:

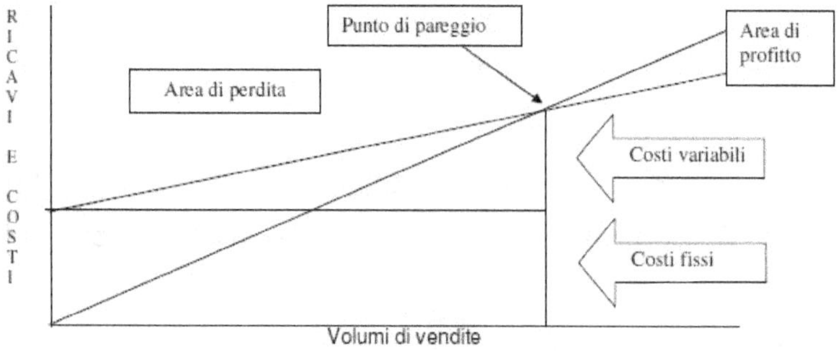

È il numero di unità vendute in corrispondenza del quale, dato un determinato prezzo di vendita, i ricavi bilanciano i costi complessivi. Non appena ho coperto i costi fissi e quelli variabili, ogni unità di vendita genera un profitto.

Ci sarà un momento in cui l'impresa inizia a guadagnare ma posso utilizzare questo schema anche per definire il prezzo giusto e darmi un obiettivo di volume di vendita.

Tuttavia la rappresentazione grafica non è molto utile per elaborare e simulare le condizioni che determinano il prezzo o che ci consentono di indicarlo e deciderlo.

Questa figura si traduce in un foglio di calcolo in excel che è invece molto utile perché possiamo inserire le cifre raccolte nella richiesta di preventivi e iniziare a simulare le condizioni del mercato e della nostra offerta per vedere se c'è margine.

Riportiamo un'immagine ripresa dal foglio di calcolo.

PRIMO ANNO DI PRODUZIONE						
PRODOTTI/SERVIZI	prezzo	N° ordinazioni	RICAVI	proporzione	COSTI VARIABILI	MARGINE di CONTRIBUZIONE
pittura					€ -	0,00
piccoli quadri	200	10	€ 2.000,00	0,25	€ 500,00	1.500,00
quadri medio/grandi	350	5	€ 1.750,00	0,25	€ 437,50	1.312,50
su commissione	500	12	€ 6.000,00	0,2	€ 1.200,00	4.800,00
grafica			€ -		€ -	0,00
a commessa	100	20	€ 2.000,00	0,3	€ 600,00	1.400,00
a ore	20	200	€ 4.000,00	0,1	€ 400,00	3.600,00
illustrazioni			€ -		€ -	0,00
a ore	20	100	€ 2.000,00	0,1	€ 200,00	1.800,00
per grafica	80	3	€ 240,00	0,1	€ 24,00	216,00
per pubblicità	300	3	€ 900,00	0,1	€ 90,00	810,00
per editoria	300	1	€ 300,00	0,1	€ 30,00	270,00
scenografie/decorazioni/servizi			€ -		€ -	0,00
privati	500	2	€ 1.000,00	0,2	€ 200,00	800,00
aziende	1000	5	€ 5.000,00	0,2	€ 1.000,00	4.000,00
a ore	20		€ -		€ -	0,00
TOTALI			€ -		**€ 4.681,50**	**20.508,50**
					COSTI FISSI	
					VOCI DI COSTO	
					p.iva	200,00
					commercilista	700,00
					sede	2.400,00
					sito	200,00
					pubblicità	1.000,00
					viaggi	600,00
					affitto spazi	300,00
					attrezzature	600,00
					corsi formazione	300,00
					utenze	420,00
					materiali	100,00
					TOTALE VOCI COSTI FISSI	**6.820,00**
					MARGINE OPERATIVO	**13.688,50**

Con il foglio excel possiamo aumentare e diminuire il prezzo di vendita e i volumi (le quantità) dei prodotti o servizi venduti e verificare quale risultato ci danno.

L'immagine, sia pur poco visibile nella pubblicazione, è solo un esempio. Per poter capire il funzionamento, cercheremo di dare qualche spiegazione che ha bisogno di essere sperimentata sul file excel che trovate sul sito: http://www.meetorienta.com/guida-mettersi-in-proprio/
Nel sito trovate infatti i file necessari alla stesura del piano d'impresa e quindi anche i fogli di calcolo necessari per la simulazione degli aspetti economici che sono indispensabili nei capitoli che seguono.

Nella colonna dei prodotti e servizi inserite tutto quello che metterete nel vostro **listino**, compresi anche **gli sconti e le promozioni** (distinti dai prezzi standard per avere un quadro completo), subito a fianco mettete i prezzi unitari che volete assegnare.
Nella colonna delle quantità potete iniziare a inserire una **previsione di vendita** (in ogni momento potrete simulare quantità e prezzi diversi).
Su ogni unità di prodotto identificate **i costi variabili** necessari per produrla, venderla, consegnarla e inserite il totale del costo che incide sulla singola unità. Questo verrà moltiplicato per le quantità e ci darà il totale del costo variabile che pesa su quel prodotto.

Nelle righe che trovate nella parte bassa si inseriscono i valori che avete ricavato dai preventivi richiesti relativi ai costi che dovete sostenere a prescindere da quanto vendete e/o producete. **Sono i costi fissi.**
Per capire se l'azienda genera profitto, inserite anche i valori di ciò che avete portato di vostro e non solo ciò che acquistate. Esempio: il valore del vostro lavoro, il valore annuale della sede (anche se vi appartiene trasformatelo in un affitto)... perché è importante, da una parte, capire se vale la pena così come è necessario per **definire "il prezzo giusto"** per voi e vedere se è concorrenziale nel mercato e per i vostri clienti.

Bisogna in sintesi sviluppare previsioni di vendita. Se terrò prezzi più bassi potrei aumentare i volumi di vendita e scoprire che però questi non sono ripagati perché non coprono i costi, oppure potremmo scoprire che al contrario, prezzi più bassi sono adatti al nostro business.
Quando introduciamo nel foglio di calcolo delle variazioni, qualcosa cambierà anche negli altri parametri. Magari – per esempio - sarò costretto a fare più pubblicità o acquistare un macchinario diverso o avere più dipendenti...

Ricordate che questo è uno strumento che non solo ci dà indicazioni per l'apertura ma è indispensabile per la gestione. Questo foglio di calcolo può essere usato anche per costruire un singolo preventivo perché può applicare la ripartizione dei

costi anche su una singola voce di entrata.
Potrete anche usarla per valutare se sia conveniente mantenere alcuni prodotti nel vostro listino, oppure aggiungerne di nuovi.
Provate a compilarlo per i primi tre anni.

Sintesi sul mercato

Suggeriamo di raccogliere in forma discorsiva una presentazione di ciascuno degli elementi del marketing mix da inserire in una sintesi finale. Non è un piano di marketing ma semplicemente una riflessione di quanto è emerso dalla ricerca proposta.
Riepilogate specialmente le idee che riguardano la distribuzione e la comunicazione perché i listini e i prezzi sono ben presenti nel foglio di calcolo del margine.

PRODOTTO / SERVIZIO (descrizione)	PREZZO (quantificazione per voci)
DISTRIBUZIONE (Canali di vendita)	**COMUNICAZIONE (promozione)**

L'organizzazione e la gestione delle risorse umane

Presentazione generale

Che cosa fa veramente la differenza tra le imprese?
L'idea, forse... certamente la sua realizzazione.

Tra le risorse di cui ha bisogno, **la variabile irripetibile è la risorsa umana**.
Le risorse economiche, quelle strumentali e, in parte, quelle logistiche non sono altrettanto uniche e irripetibili.

Volontà, creatività, competenza sono ingredienti speciali.
Appartengono a quelle persone che, insieme, partecipano di questo atto di trasformazione, di realizzazione dell'idea: l'imprenditore, i soci, i collaboratori, i fornitori ed anche i clienti.

Make or buy

Prima di procedere all'analisi e alla proposta di un metodo che ci consenta di organizzare le persone che collaboreranno con noi nell'impresa, ricordo che una prima valutazione di fronte a un'attività da realizzare è quella di chiedersi se sia meglio realizzare direttamente o non sia più opportuno, conveniente, sicuro acquistare il prodotto o il servizio.

Non è una mera valutazione economica. Talvolta sono coinvolti nel **ragionamento di opportunità** alcune considerazioni legate ai tempi, alle competenze, al know how, alla logistica.

Contrariamente a quello che si pensa, a Como, il distretto della seta, non si realizzano quasi più i tessuti. Nemmeno si acquistano direttamente dalla Cina. Molte aziende lavorano i tessuti prodotti da un'azienda svizzera. Il solo pensarlo è incredibile.

La prima scelta organizzativa quindi sarà sempre quella che scaturisce dalla domanda: **lo facciamo o l'acquistiamo?**

Detto ciò procediamo con un ragionamento più approfondito su ciò che decidiamo di realizzare direttamente...

Le risorse umane e l'organizzazione

Le persone sono una delle quattro risorse primarie di qualsiasi organizzazione, si parla infatti di *risorse umane*.

Quando si avvia un'attività (un'impresa ed anche la libera professione) è necessario avere ben chiara la propria idea imprenditoriale ma per trasformare l'idea in un'impresa concreta c'è bisogno di risorse economiche-finanziarie, strumentali, umane e logistiche.

In particolare, con riferimento alle risorse umane, per far lavorare insieme le persone è essenziale che ci si doti di una modalità di collaborazione e quindi di una *organizzazione*.

Questa parola è composta da *organi* e *azione*.

Mi ricorda – reminiscenza scolastica vaga – un episodio della storia di Roma quando patrizi e plebei, in lotta tra loro, arrivarono sull'orlo di una catastrofica guerra civile.

Un patrizio, mandato dai suoi pari come mediatore, presentò ai plebei nel suo discorso questa immagine: "...pensate a Roma, ricca e potente nel mondo, come ad un corpo grande e forte di cui tutti noi siamo le membra, organi vitali e necessari di quel corpo. Ci sono le mani, le braccia, le gambe e la testa, il cuore. Tutte queste parti sono importanti. Voi siete la forza di Roma, le sue gambe, le sue braccia ma che sarebbe di Roma se non sapesse dove andare, cosa fare. Perché c'è bisogno anche della testa. Noi siamo quella. Noi sappiamo dove andare, cosa fare per stare in questo mondo..." (le parole non sono esatte ma la sostanza del suo discorso fu questa e i plebei compresero l'immagine e interruppero le ostilità).

In pratica, Menenio Agrippa ricostruì nella storiella l'idea dell'organizzazione attraverso l'immagine del corpo che è etimologicamente la traduzione corretta del modello più longevo che abbiamo conosciuto: il modello appunto del

capo.

C'è una testa – il capo – che conosce che cosa bisogna fare, dove bisogna andare. Spesso è l'imprenditore che ha avuto l'idea e che sa come realizzarla e questi si circonda di persone che operano. Anche in questo l'etimologia ci soccorre, si pensi alla parola *operaio*.

L'operaio è colui che realizza le opere sulla base delle indicazioni del capo.

In organizzazioni più complesse, questo rapporto diretto e personale viene articolato e suddiviso su più figure ma il rapporto testa / braccia rimane anche nell'organizzazione di tipo **piramidale** che non è altro che un'estensione del concetto con la suddivisione su più persone dei ruoli di gestione e di quelli operativi.

Gli stessi organigrammi sono costruiti con un modello piramidale che da una parte propone i vertici, i dirigenti, i funzionari, gli impiegati, gli intermedi fino agli operai.

Le persone lavorano insieme attraverso l'ORGANIZZAZIONE

ORGANI – AZIONE

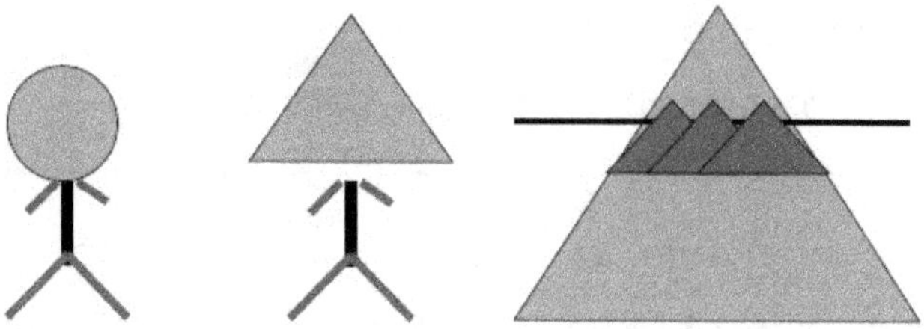

Questo modello organizzativo ha avuto fortuna fino a non molto tempo fa, è tuttora molto presente e radicato nella mentalità. Tuttavia il modello organizzativo piramidale è entrato in crisi. Già da diversi decenni le imprese più complesse, e via via tutte le altre, si sono trovate in difficoltà con il modello piramidale.

Il lavoro si è infatti arricchito di contenuti tecnologici, di esigenze relazionali, di volumi di informazioni tali che lo schema non è più applicabile, efficace, conveniente. **Nelle realtà complesse**, gli elementi di cambiamento, le componenti tecnologiche e le incognite richiedono che **conoscenza e responsabilità siano distribuite**.

La sfida di chi si occupava di organizzazione qualche decennio fa è consistita nel trovare **un nuovo rapporto tra responsabilità, competenza e attività** per costruire nuovi modelli che consentissero alle persone di poter operare efficacemente in realtà sempre più articolate e complesse.

L'organizzazione per processi

Si sono quindi elaborate nuove proposte organizzative, si sono sperimentate nuove soluzioni e, tra queste, quella che ha avuto più successo è quella che presento con questa immagine:

LA NUOVA ORGANIZZAZIONE

- DA COSI' A COSI'

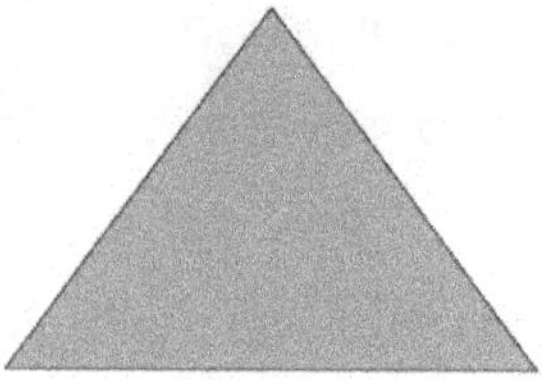

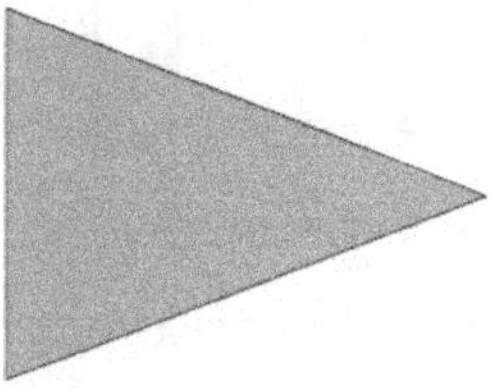

È semplice, un po' come la storiella di Agrippa. L'idea è di trasformare un'organizzazione che si rivolge verso l'alto in una che procede in una direzione. Tutte le risorse coinvolte nell'organizzazione agiscono nella medesima direzione univoca e coordinata.
Se guardiamo infatti a qualsiasi organizzazione e la scomponiamo nei sui elementi più semplici ritroviamo questo schema direzionale. Ciò che fanno le persone coinvolte in un'attività è **trasformare compiti in risultati**. Possono essere semplici, tecnologici, complessi. Lo schema è sempre trasformare un compito in un risultato, dove chi è coinvolto ci mette le proprie risorse, compresa la testa, tutto ciò che ha di utile in testa deve essere messo a disposizione di questo obiettivo.

In questa immagine vediamo lo schema elementare della singola attività. Le imprese – ma le organizzazioni in genere – vivono di una moltitudine di attività dove le persone utilizzano risorse esterne (input) le trasformano in risultati funzionali al procedere dell'impresa attraverso le proprie risorse interne. Le persone – tutte le persone presenti nell'impresa – devono metterci la testa.

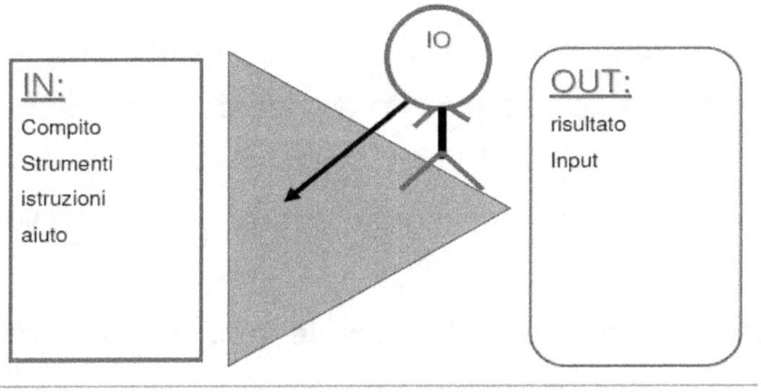

Con questo modello *ogni persona ci mette la testa.*

Le competenze e i processi

Quali sono **le risorse** che la persona mette nell'attività?
Sono **le competenze**. Ossia le conoscenze che ho, le mie abilità e i miei comportamenti che consentono di trasformare il compito in un risultato.
I compiti devono essere ovviamente adeguati a ciò che mi compete.
Facciamo un esempio elementare, che uso con i ragazzi quando si preparano per uscire in tirocinio in un'azienda che non conoscono e dove nessuno li ha mai visti.
Dico loro: potrebbe capitarvi che il primo giorno, dal

momento che il vostro nuovo capo non vi conosce, vi chiedano di svolgere un compito semplice.

Potrebbe essere anche per mettervi alla prova.

Vi chiedono di pulire una saletta dove si terrà tra un'ora una presentazione a un cliente importante. Il compito è quindi chiaro. Avrete bisogno di strumenti (detersivi, scopa, aspiratore...), se la sala è molto grande ci potrebbero essere altre persone con voi. Una volta che la consegna è avvenuta, il compito assegnato e la responsabilità finale sono affidati a voi.

La competenza è ciò che dovete mettere di vostro per trasformare il compito nel risultato.

Ci sono le ***conoscenze***: sappiamo a cosa serve il detersivo, sappiamo come diluirlo, che prima bisogna passare la scopa e poi lo spazzolone.

Ma non bastano quelle perché poi bisogna operare e agire: il teorico dello spazzolone non fa molta strada. La ***capacità*** operativa è il secondo elemento. Utilizzo la scopa, preparo la miscela di detersivo e passo lo spazzolone nel modo giusto.

Inoltre, l'elemento che spesso si tralascia nell'analisi degli elementi di competenza è il ***comportamento*** organizzativo. Dovremo rispettare il tempo di consegna, presteremo attenzione alla qualità del risultato.

Iniziate a pulire il pavimento e dopo dieci minuti trovate una macchia che non si riesce a togliere. Che fate? Verificate se c'è uno smacchiatore tra gli strumenti forniti. Non c'è. A questo punto chiedete a chi vi ha dato il compito se c'è uno smacchiatore e dov'è. Sarà quindi il vostro capo a dirvi se c'è uno smacchiatore ("scusa non ti ho dato il solvente per le macchie") oppure che la macchia sta lì da dieci anni e non si può togliere perché è indelebile (la macchia non fa più parte del vostro compito). Dovrete averlo allertato in tempo utile: se avete aspettato e ormai mancano 5 minuti all'arrivo dei clienti e la macchia può essere rimossa, il ritardo sarà colpa vostra. Il comportamento organizzativo consiste proprio in tutti quegli **atteggiamenti mentali** che ci consentono di raggiungere il risultato sia quantitativo che qualitativo.

Il nostro modo di collaborare con i colleghi, la tempestività, l'autonomia, la capacità di comunicare efficacemente, l'affidabilità ma anche la creatività... sono elementi molto importanti della competenza. Questi elementi sono anche diversi perché le persone hanno caratteristiche caratteriali diverse. Quindi sia in un compito semplice, come quello di pulire una sala, così come quelli complessi che attengono alle relazioni interpersonali, richiedono non solo di attivare le conoscenze e le capacità ma anche di identificare e valorizzare i comportamenti organizzativi in modo da dare qualità al nostro operare.

Quindi lo schema dell'attività più elementare (trasformare un compito in un risultato) si può applicare sia in organizzazioni semplici che in organizzazioni complesse in quanto questa "micro" freccia si inserisce in un contesto più ampio.

Infatti la teoria organizzativa che stiamo presentando è quella dei processi, che consente di organizzare anche le multinazionali.

I processi primari e di supporto
I processi si compongono di sottoprocessi, fasi e attività e sono tra loro collegati sia per input e output ma anche per servizi che stanno a supporto
Progettazione
Produzione
Vendita
Consegna
Amministrazione
Informatica
Logistica

Le attività si concatenano tra di loro in un percorso ideale dove le attività si raggruppano sulla base di macro risultati che diventano input per altri processi e per altre attività successive fino ad arrivare al cliente.

Il raccordo tra l'attività singola e il contesto organizzativo generale passa quindi dai processi (macro aggregazioni di attività finalizzate).

Chi opera nel processo di progettazione ha bisogno di mantenere strette **relazioni con gli altri processi**, sia perché il progetto sarà l'input della produzione ma anche perché, tra i propri input, ogni attività ha bisogno di risorse che l'alimentino.

Se mentre sto realizzando il progetto, la carta della stampante finisce, chiederò la fornitura all'ufficio approvvigionamenti e acquisti che è parte del processo di *amministrazione*; se il computer si blocca chiederò *assistenza tecnica informatica*. Esiste quindi sia un percorso che va nella direzione della soddisfazione del cliente ma ne esiste anche uno che mette in relazione i soggetti interni che operano per far sì che ciò che mi serve per trasformare il mio compito in risultato sia a mia disposizione.

L'esempio dello smacchiatore può declinarsi in mille modi diversi.

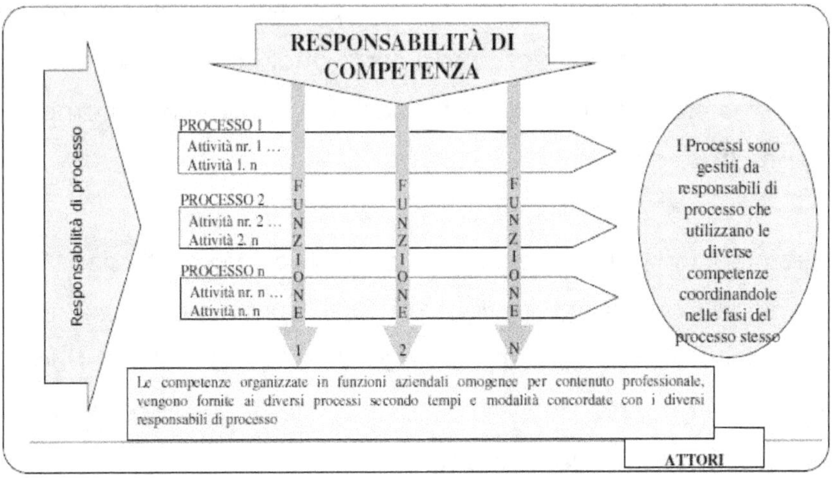

Nell'attività chi lavora combina le proprie competenze con le risorse esterne che gli sono necessarie per raggiungere l'obiettivo, per realizzare il compito.

Le competenze e le figure professionali

A questo punto la panoramica della teoria dei processi ci consegna alcuni elementi chiave per capire che cosa sono le competenze e come queste si innestano nell'organizzazione: **le competenze sono la componente chiave che muove i processi.**

Primo concetto: **la competenza si compone di tutte le conoscenze, capacità e comportamenti utili a trasformare un compito in un risultato.**

La competenza si associa alla frase: *essere in grado di...*

Se leggiamo un repertorio di figure professionali, la chiave di analisi è questa. La domanda sarà: quali sono le risorse che devono stare nella mia testa per trasformare quel compito nel risultato atteso?

Esempio: nel Quadro regionale degli standard professionali di Regione Lombardia la figura 1.1 è il *giardiniere*, la prima competenza elencata il giardiniere "è in grado di" *effettuare la manutenzione del verde*, per cui le sue conoscenze e capacità saranno le seguenti

COMPETENZA: EFFETTUARE LA MANUTENZIONE DEL VERDE

CONOSCENZE
arboricoltura e colture arboree
Botanica generale
Botanica sistematica
Elementi di entomologia
Elementi di fitoterapia
Elementi di pedologia
Parassitologia delle piante

CAPACITÀ
Applicare tecniche di concimazione
Applicare tecniche di diserbo
Applicare tecniche di innesto
Applicare tecniche di potatura
Applicare tecniche di prevenzione e cura delle fitopatologie
Utilizzare attrezzi agricoli
Utilizzare attrezzature di protezione individuali
Utilizzare sistemi di irrigazione
Utilizzare sistemi di distribuzione antiparassitari

Non ci sono i comportamenti ma sappiamo che se il giardiniere non è preciso, attento, tempestivo le sue conoscenze e capacità non saranno sufficienti per realizzare efficacemente la manutenzione del verde.

Secondo principio: **Alla persona sono affidati compiti ed obiettivi che deve garantire con le proprie risorse personali.** Chi opera ha la responsabilità delle risorse che gli vengono affidate e il risultato *normalmente* dovrebbe accrescere il valore di ciò che gli è stato affidato. Si parla infatti di **catena del valore**.

La valutazione e verifica del risultato è l'elemento di analisi dell'efficacia ed efficienza delle risorse umane.

Terzo: il lavoro non è quasi mai solitario. **Il lavoro prevede relazioni** e quindi è necessario avere consapevolezza e conoscenza dei ruoli, delle funzioni delle persone che lavorano con noi (i colleghi e i superiori ma anche gli altri processi).

L'impiegata che deve pagare una fattura, verifica che la merce sia arrivata contattando il magazzino ricevimento merci, verifica con il controllo qualità che la merce sia conforme... non opera senza aver ricevuto gli input interni necessari per procedere al pagamento.

Ultimo elemento: le componenti che costituiscono le competenze di ciascuno di noi si possono descrivere, migliorare, sviluppare. Esistono modi per descriverle e repertori che le enumerano più o meno bene ma ogni persona è diversa e quindi gli standard inseriti nei documenti sono solo **strumenti per mettere in evidenza elementi essenziali** e minimi che sono ritenuti necessari per una professione.

In sintesi, la figura proposta di seguito cerca di mettere in relazione tra loro alcuni concetti chiave:

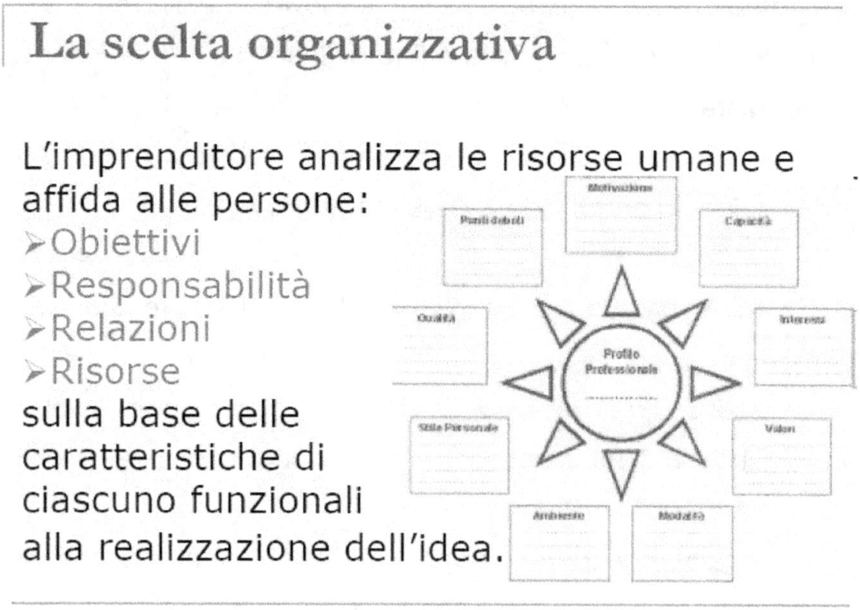
La scelta organizzativa
L'imprenditore analizza le risorse umane e affida alle persone:
➢Obiettivi
➢Responsabilità
➢Relazioni
➢Risorse
sulla base delle caratteristiche di ciascuno funzionali alla realizzazione dell'idea.
Motivazione
Punti deboli
Capacità
Qualità
Interessi
Profilo Professionale
Stile Personale
Valori
Ambiente
Modalità

Ricostruzione degli elementi di competenza personali

Per definire le proprie competenze si può operare in due modi: induttivo e deduttivo.

Possiamo cercare di analizzare ciò che facciamo, le nostre azioni, per estrapolare gli elementi che utilizziamo per raggiungere un risultato. Esempio: quali sono le attività che svolgo per realizzare un prodotto? Declinerò gli elementi di conoscenza, capacità e comportamento che devo attivare per produrre quell'oggetto in modo che risponda al livello qualitativo che ritengo adeguato.

Le fasi e le attività di progettazione meccanica – per fare un altro esempio - si possono ricostruire secondo questo schema:

La matrice degli elementi di competenza

attività	output	competenza	Elementi di competenza

Attività: *realizzare progetto esecutivo di un particolare meccanico* (prima riga, prima colonna).

Output: *disegno* (con le sue caratteristiche) (seconda colonna)
Competenza: *essere in grado di realizzare un progetto esecutivo di un macchinario*
Conoscenze: programma di progettazione autocad 3d, tecniche di ricerca, tecniche specifiche di progettazione…
Capacità: redigere il progetto; raccogliere tutte le informazioni necessarie, preparare disegni esecutivi di particolari e la documentazione tecnica di supporto…
Comportamenti: attenzione alle richieste del cliente, scegliere una soluzione adeguata, essere preciso e creativo nelle soluzioni tecniche adottate…
Oppure possiamo utilizzare un metodo deduttivo. Si utilizza una fonte già presente (il profilo del progettista meccanico) e si confronta il proprio modello operativo e le competenze possedute, facendo riferimento a quanto richiesto nel descrittivo.
Cercheremo nel repertorio delle figure professionali il descrittivo del progettista meccanico e verificheremo la presenza delle competenze nella persona che lavora nella nostra organizzazione. Se non c'è nessuna persona che è in grado di realizzare il progetto, allora dovremo cercare un collaboratore (inserendolo nel personale interno) oppure un libero professionista o uno studio esterno. (il *make or buy* di cui abbiamo parlato all'inizio)
Il sistema migliore, che è anche il più impegnativo, è quello di far confluire i due percorsi induttivo e deduttivo di analisi delle competenze e dei profili necessari all'azienda in modo

da fornire una descrizione completa di ciò che è necessario avere nella nostra organizzazione in termini di figure professionali e competenze.
Dovremo partire dalle nostre conoscenze, capacità e comportamenti e da quelle dei collaboratori per verificare se coprono tutte le attività. Per costruire questo quadro proponiamo uno schema molto efficace e collaudato.

La matrice organizzativa

La soluzione organizzativa è il mix dei fattori che le persone portano come proprio contributo all'impresa.
Nell'organizzare è necessario porre attenzione all'**efficienza del processo** e alla **corretta divisione dei compiti in base alle competenze**.

Per poter definire l'organizzazione occorre individuare e descrive i processi e le macro attività dell'impresa, partendo dall'elenco dei processi generali.
Progettazione, produzione o erogazione del servizio, vendita o promozione, spedizione e/o consegna, assistenza ma anche i processi che stanno a supporto di tutte le attività ossia: amministrazione (che contiene le fasi di approvvigionamenti, gestione dei documenti, amministrazione economica e fiscale), gestione informatica, logistica.

Le attività, i collegamenti, le suddivisioni dei compiti sono diverse in ciascuna organizzazione ma è decisivo lo sforzo di **assegnare** alle teste che partecipano all'impresa **le responsabilità e i compiti** in maniera chiara e possibilmente scritta.

Proponiamo uno schema molto semplice che ci consente di iniziare ad assegnare i ruoli:

PROCESSI	ATTIVITÀ	LUCA socio	CARLO socio	Collaboratori fornitori
marketing	Pianificazione	X	X	
	Promozione	X		
	Mailing		X	
Amministrazione	Contabilità			Ernesto
	Segreteria	X		
	Acquisti		X	
Vendite	Ricevimento Ordini	X		
	Listini		X	
	Client support			Giulia
Produzione	Progettazione			Filippo
	Programmaz.		X	
	Fabbricazione			10 persenale
	Stoccaggio	X		

… (schema nel dossier in www.meetorienta.com sezione Lavoro – Mettersi in proprio)

Invece delle x si potrebbero inserire anche ruoli diversi di partecipazione. Esempio: dirige, collabora, controlla, aiuta.

Se, visti i concetti inseriti in questo capitolo, sarete in grado di costruire questo schema organizzativo, potrete avere una mappa che vi consente di gestire sempre le risorse umane. Quando i volumi di lavoro crescono e volete e potete inserire una nuova persona nell'organizzazione, avrete in automatico il profilo del candidato, le competenze richieste e le mansioni da assegnare.

Spesso l'imprenditore e i soci (se ci sono) si caricano della maggior parte delle attività ma nel momento in cui l'impresa decolla è indispensabile scegliere quali attività mantenere e quali assegnare ad altri.

Anche in questo caso, lo schema organizzativo per processi ci consente di scegliere quali attività delegare e quali presidiare personalmente.
Per questo lo sforzo di chiarire quali sono i contributi delle persone è molto prezioso: collaborare, operare, controllare e decidere. Magari l'imprenditore mantiene solo funzioni di controllo su attività secondarie per concentrarsi su quelle più importanti.

La gestione economico finanziaria

Le parole e i numeri

La parte più difficile per alcuni aspiranti imprenditori è "entrare" nel mondo dei numeri. La gestione economica finanziaria fa un po' di paura a chi non ha mai avuto la responsabilità di gestire economicamente un'impresa.
È necessario ma **non siete soli**. Ci sono esperti, professionisti, operatori che possono affiancarvi, aiutarvi, assistervi.
La cosa veramente importante è che iniziate a capire alcuni **concetti chiave** per essere liberi e consapevoli nelle vostre scelte.
Le aziende seguono logiche diverse dai cittadini privati e linguaggi diversi rispetto all'esperienza comune, però si possono comprendere e farli propri.
Un altro elemento è costituito dall'interesse che altri soggetti hanno rispetto a quei numeri: Soci, Fisco, Finanziatori.

Come in una gestione del bilancio familiare ci sono sempre entrate e uscite ma la **qualità** di queste voci è diversa. Talvolta non è importante l'importo e il valore economico di un'uscita ma la destinazione o altri elementi.

Per questa ragione dobbiamo costruirci un piccolo **vocabolario**. Che cosa vogliamo dire?

Impariamo subito **alcuni concetti**:

- ☐ Spese e investimenti
- ☐ Spese fisse e variabili
- ☐ Ricavi e guadagni
- ☐ Tasse e contribuzione

Queste parole racchiudono i concetti e ragionamenti tra loro diversi. Vediamoli.

Spese e investimenti

Quando pago un euro, posso trovarmi di fronte a una *spesa* (soldi che non torneranno) oppure ad un *investimento* (soldi che generano un valore che in qualche modo continua a rimanere nel mio "patrimonio").

Portiamo un esempio: la differenza più evidente è quella tra una sede in **affitto** (spesa) e una sede di **proprietà** (investimento) magari pagata con un mutuo del medesimo importo dell'affitto. La proprietà arricchisce il mio patrimonio, la sede in affitto è una spesa (magari è necessaria e indispensabile perchè non c'è possibilità di averne una propria).

L'imprenditore normalmente a parità di condizioni o in condizioni non troppo diverse **privilegia l'investimento** alla spesa.

Costi fissi e variabili

Per un ragionamento di *controllo dei costi*, l'imprenditore preferisce che i costi da sostenere siano il più possibile legati ai volumi di produzione e di vendita e quelli fissi siano i più bassi possibile. Nel caso in cui ci sia una diminuzione degli ordini, i costi variabili infatti scendono.

L'imprenditore privilegia, quando può, i costi variabili. Ne abbiamo visto una prova nel mercato del lavoro: una spesa tipicamente fissa (il personale) è diventata variabile con l'introduzione di contratti "flessibili".

Ricavi e guadagni

Il **fatturato** ci dice quanto vendiamo ma fatturare molto non significa automaticamente guadagnare. È infatti indispensabile verificare come incidono i costi rispetto al fatturato per avere il risultato. Inoltre quel risultato va poi anche raffinato considerando le tasse.

I ricavi non sono i guadagni, così come ai guadagni si devono applicare le imposte per passare dal "margine lordo" al "margine netto".

Il foglio di calcolo che abbiamo proposto nel capitolo sul mercato, definisce il *"margine lordo"* ossia il risultato prima di applicare le tasse.

Tasse e contributi

Ma anche **le tasse** non sono tutte uguali. È importante distinguere tra tasse e **contribuzione Inps**. I contributi che

versiamo all'Inps concorrono a definire la nostra pensione mentre le imposte vengono versate allo Stato e agli Enti locali per pagare le loro spese.
In sintesi, i soldi che verso all'Inps rimangono in qualche modo collegati alla mia persona, gli altri escono per pagare la spesa pubblica.

Questi sono alcuni concetti chiave che bisogna interiorizzare e far propri. Dobbiamo sempre più far nostro questo modo di parlare per poter avere il giusto e necessario supporto da chi ci aiuterà nella gestione amministrativa.
Il linguaggio spesso esprime la logica di base dei ragionamenti dell'imprenditore.
Detto ciò possiamo addentrarci in alcuni documenti che ci consentiranno di valutare la nostra idea e la sua fattibilità economica.

Il Piano economico e finanziario

La parte economico-finanziaria del Piano d'impresa serve per arrivare a definire quanto denaro è necessario per avviare e gestire l'impresa.
Dovremo determinare l'ammontare dei capitali necessari per costituire, avviare con il **Piano degli investimenti** con le relative **Fonti di copertura**.

Il progetto genera un flusso di entrate e di uscite nel tempo. Per valutare la fattibilità è indispensabile fare calcoli e previsioni che tengano conto dei **preventivi** di costo per le forniture, delle analisi di mercato, delle proiezioni del documento del **Margine Lordo**, sviluppando il ragionamento su tre o cinque anni. Il documento, che riassume questo lavoro, si chiama **Conto economico previsionale**.

Come abbiamo visto i costi possono essere **diretti – variabili** (sono i costi del lavoro, materie prime, semilavorati, componenti e canali di vendita) e **indiretti – fissi** (manutenzione, affitti, ammortamenti, gestione, spese generali). Un'impresa ha **un limite** che determina l'andamento positivo delle attività. Il conto economico lo evidenzia.

Ciò che l'impresa genera nella sua vita e fa entrare nel proprio "patrimonio" (concetto visto sopra) rientra nello "Stato patrimoniale".

Quando procedo a investimenti, arricchisco l'azienda: cioè rafforzo il suo patrimonio.

- La sede
- I macchinari
- I brevetti…

Sono valori che perdurano nel tempo: possono svalutarsi o rivalutarsi.

L'impresa si alimenta con **risorse economiche.**

È necessario pianificare il loro utilizzo e gestire anche i flussi di risorse nel tempo e il loro rientro e reintegro.

Il Piano finanziario è lo strumento per gestire il fabbisogno di risorse.

Per poter avere la necessaria liquidità nella fluttuazione di entrate e uscite è necessario:

1. Tenere sotto controllo il flusso di cassa.
2. Negoziare le misure per permettere all'impresa di sostenere le proprie operazioni.

Bisogna considerare per una valutazione economica del piano d'impresa che è necessario per completare questi documenti:

1. sviluppare **un'ipotesi previsionale di almeno tre anni;**
2. considerare attentamente gli **aspetti fiscali;**
3. valutare gli aspetti di carattere organizzativo e societario che influiscono sulle voci di molti di questi documenti.

Il conto economico

Il rendiconto economico (conto economico) confronta il totale dei ricavi con il totale dei costi. L'Unione Europea ha introdotto uno schema di classificazione in forma scalare che permette di suddividere il risultato economico in risultati intermedi.

VOCI	1° anno	2° anno	3° anno
Ricavi lordi			
Sconti			
RICAVI NETTI			
Costi commerciali			
Costi variabili di produzione:			
a) materie prime e materiali			
b) prestazioni di terzi			
c) manodopera			
d) energie			
e) altri costi variabili			
f) altri costi variabili			
g) altri costi variabili			
TOTALE COSTI VARIABILI			
MARGINE DI CONTRIBUZIONE			
Retribuzioni			
Spese generali ed amministrative			
Rappresentanza			
Costi commerciali fissi			
Ammortamenti/leasing			
Altri costi fissi			
Altri costi fissi			
RISULTATO OPERATIVO			
Proventi e oneri finanziari			
Altri ricavi e costi			
RISULTATO PRIMA DELLE IMPOSTE			
Imposte			
RISULTATO DI ESERCIZIO			

Il foglio excel è disponibile sul sito www.meetorienta.com

Il conto economico in forma scalare individua:

- VALORE DELLA PRODUZIONE
- COSTI DI PRODUZIONE
- GESTIONE FINANZIARIA
- GESTIONE STRAORDINARIA
- REDDITO ANTE IMPOSTE
- REDDITO NETTO

La gestione operativa rappresenta la capacità

dell'imprenditore di svolgere la sua attività tipica. Grazie ad un Risultato Operativo positivo l'impresa può far fronte alle altre gestioni.

Un elemento di verifica e valutazione importante dell'andamento aziendale è il **ROI** (return on investment).

Cioè il **Ritorno sugli investimenti** che è dato da:

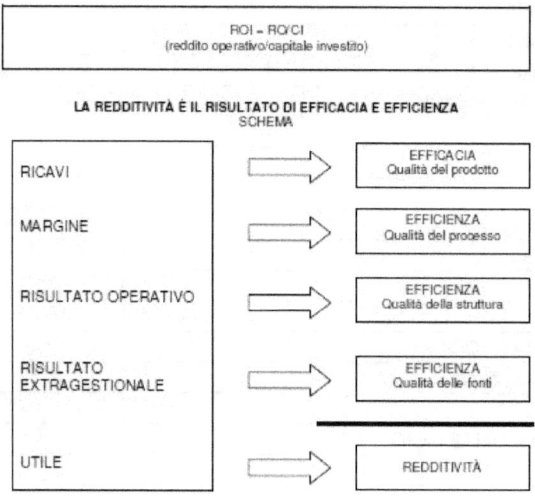

ROI = RO/CI
(reddito operativo/capitale investito)

LA REDDITIVITÀ É IL RISULTATO DI EFFICACIA E EFFICIENZA
SCHEMA

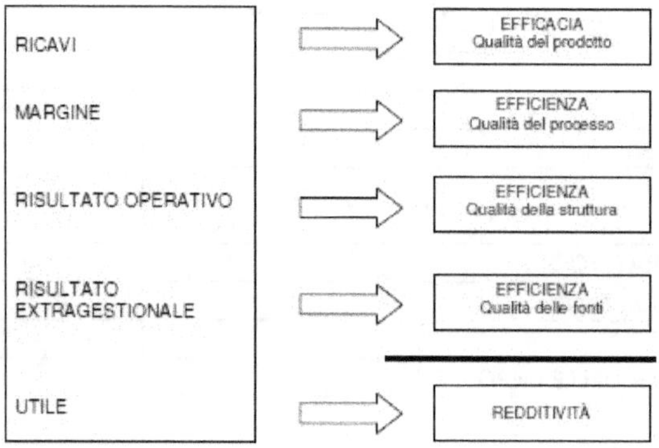

Lo stato patrimoniale

Permette di apprezzare l'entità totale delle attività e delle passività distinte per qualità e composizione dell'attivo e del passivo.

In questa classificazione gli elementi dell'attivo, al netto delle perdite e dei fondi, esprimono investimenti di risorse finanziarie (impieghi).

D'altra parte gli elementi del passivo e del capitale netto possono essere interpretati come le fonti di finanziamento utilizzate per acquisire gli investimenti.

ATTIVITÀ	**PASSIVITÀ**
ATTIVITÀ FISSE NETTE Immobilizzazioni tecniche Immobilizzazioni finanziarie	PATRIMONIO NETTO Capitale sociale Riserve Utile (o perdite)
ATTIVITÀ CORRENTI Cassa e banche Crediti a breve Magazzino finale	PASSIVITÀ A MEDIO/LUNGO TERMINE Fondi Mutui
	PASSIVITÀ CORRENTI Debiti a breve termine

Lo schema di calcolo dello Stato patrimoniale è sempre disponibile sul sito ma questi documenti è bene che siano **elaborati e predisposti da un commercialista** che vi affianca e si occupa dell'elaborazione e della spiegazione dei significati gestionali delle voci.
L'imprenditore deve capire sempre i concetti chiave in modo da cogliere da questi documenti quegli **elementi utili alle scelte strategiche**.

Il flusso di cassa

La situazione economica di gestione dell'impresa non è costante nel tempo perché i tempi di incasso, di pagamento delle spese, degli interessi sui prestiti, delle imposte vanno **collocati nel tempo** per evitare che in alcuni periodi la cassa sia vuota o in sofferenza.

Mese per mese, trimestre per trimestre le effettive entrate e uscite devono essere aggiornate. Il monitoraggio ci permette di prevedere ed agire rispetto a momenti di difficoltà finanziaria.

Per poter far fronte a queste situazioni, al di là della corretta previsione attraverso il flusso di cassa, l'imprenditore si tutela attraverso alcune azioni: negozia con la banca **eventuali fidi** con i relativi interessi, con i fornitori può stabilire **tempi di pagamento delle forniture** che gli consentano di rientrare nei confronti di propri creditori, cerca di accorciare i tempi di rientro sul pagamento dei crediti.

Proponiamo un flusso di cassa mensile o trimestrale (a questo si aggiunga il flusso annuale).

VOCI	MESE A	MESE B	MESE C	SALDO
USCITE per acquisti e spese correnti				
Merci				
Spese generali				
Compensi amministratori				
Utenze				
Spese commerciali				
USCITE per immobilizzazioni				
Arredi				
Impianti				
Computer				
Macchine				
Oneri (spese costruzioni)				
USCITE per rimborso prestiti				
TOTALE USCITE				
ENTRATE per apporti capitale di rischio				

ENTRATE per vendite di beni e servizi				
ENTRATE per finanziamenti agevolati o mutui				
TOTALE ENTRATE				
SURPLUS O DEFICIT DI PERIODO				
UTILIZZO affidamenti bancari				

Scheda in formato excel scaricabile dal sito.

La forma giuridica e finanziamenti

Il lavoro autonomo

La normativa recente del 2015 (Jobs act) ha riformato molte regole che riguardano il lavoro autonomo ma sostanzialmente i principi distintivi rimangono quelli riportati di seguito. Però è necessario mantenere aperta una linea diretta con le fonti ufficiali. A questo proposito il consiglio è quello di utilizzare il sito dell'Inps (www.inps.it) e del Ministero del lavoro (http://www.lavoro.gov.it/).

Il lavoratore autonomo, così come descritto nel Codice Civile, è *colui che compie, dietro corrispettivo, un'opera o un servizio con lavoro prevalentemente proprio e senza vincoli di subordinazione nei confronti del committente*.

Le forme in cui svolgere un'attività autonoma sono:

- esercizio di arti e professioni
- collaborazione coordinata e continuativa
- prestazione occasionale.

Si considera artista o professionista chi svolge un'arte o una professione non come dipendente, ma comunque con carattere di abitualità.

Distinguiamo ancora tra professioni protette, per l'esercizio delle quali è richiesta l'iscrizione preventiva in albi, ordini, elenchi (si pensi all'avvocato, all'architetto, al commercialista...), subordinata di norma al superamento di un esame di stato, e professioni libere per le quali non è richiesta alcuna iscrizione (artisti, consulenti, ecc.).

Dal punto di vista fiscale e previdenziale occorre:

1. aprire partita IVA;
2. iscriversi all'INPS, o ad altre casse specifiche per le professioni protette, e versarvi i contributi previdenziali;
3. tenere una regolare contabilità e dichiarare i redditi percepiti.

La seconda forma del lavoro autonomo è rappresentata dalla **collaborazione coordinata e continuativa** (e a progetto), un'attività lavorativa prestata senza vincolo di subordinazione, ma comunque in modo continuativo. A differenza del lavoro dipendente, in questo caso non si viene assunti dal datore di lavoro, ma si presta la propria opera secondo quanto concordato con il committente.

Dal punto di vista fiscale e previdenziale:

1. non è necessaria l'apertura della partita IVA;
2. viene trattenuta direttamente dal committente una ritenuta d'acconto ai fini IRPEF pari al 20% dei compensi;
3. è necessaria l'iscrizione all'INPS e il versamento ai fini

previdenziali (la % di contribuzione cambia e va verificata sul sito dell'Inps, 1/3 è a carico del lavoratore e 2/3 a carico del datore di lavoro);
4. deve essere presentata la dichiarazione dei redditi.

Se invece la prestazione di lavoro è un fatto occasionale, non ripetitivo (es. la distribuzione occasionale di volantini pubblicitari) allora si effettua una **prestazione occasionale.** Questa situazione non richiede l'apertura della partita IVA., è assoggettata alla ritenuta d'acconto del 20%, non richiede iscrizioni o versamenti previdenziali, ma esiste comunque l'obbligo di dichiarazione dei redditi. C'è il limite annuale di 5.000 euro per ogni singolo committente e di 30gg di lavoro. Questi limiti si possono superare con più committenti, tuttavia nel caso di superamento, i committenti saranno tenuti a versare i contributi Inps per la parte eccedente i 5000 euro, così come previsto nelle collaborazioni continuative.

L'impresa

L'art. 2082 del Codice Civile definisce imprenditore è colui che esercita professionalmente un'attività economica organizzata al fine della produzione o dello scambio di beni o servizi?. Perché si possa parlare di impresa deve, innanzitutto, esserci un'attività economica, ovvero l'imprenditore deve operare sul mercato (ad esempio è imprenditore agricolo chi

coltiva il terreno e vende i prodotti che ottiene al mercato, mentre non lo è chi produce solamente per il suo consumo).
L'attività deve essere svolta in maniera professionale, cioè in modo abituale o periodico (come, ad esempio, il lavoro di un negoziante, ma anche del gestore uno stabilimento balneare).
Ultimo requisito è l'organizzazione, ovvero la gestione coordinata delle risorse umane, tecniche e finanziarie da parte dell'imprenditore.
Esistono diverse forme giuridiche di impresa previste dal codice civile. Distinguiamo innanzitutto la forma dell'impresa individuale (in cui l'imprenditore è uno solo), dalle forme societarie (in cui più persone si uniscono per esercitare insieme l'attività di impresa).
L'impresa individuale fa capo ad una sola persona, che è l'unica responsabile della sua gestione (ad esempio un idraulico, un elettricista, una parrucchiera).
Per lo svolgimento dell'attività l'impresa individuale può avvalersi di dipendenti e/o collaboratori. Se il titolare gestisce l'attività con la collaborazione dei propri familiari (coadiuvanti) può dar vita ad una **impresa familiare**. In questo caso al titolare spetta almeno il 51% dell'utile, mentre il coadiuvante ha diritto al mantenimento secondo la condizione patrimoniale della famiglia e alla divisione degli utili in rapporto al lavoro prestato.

Dal punto di vista fiscale e previdenziale occorre:

1. richiedere eventuali licenze o autorizzazioni amministrative, sanitarie, ecc.;
2. aprire una posizione IVA;
3. iscriversi al Registro delle Imprese presso la Camera di Commercio;
4. iscriversi all'INPS ed eventualmente all'INAIL.

Se, invece, due o più persone si accordano per gestire insieme un'attività economica, formano una società la cui costituzione deve avvenire per atto pubblico (ovvero davanti a notaio). La costituzione di una società offre agli imprenditori il vantaggio di poter unire le forze (soprattutto economiche) per la realizzazione dell'attività nonché un minor rischio personale.
Le società si dividono in **società di persone** e **società di capitali**.

Le società di persone, in cui la figura dei soci è più importante del capitale da essi conferito, non hanno personalità giuridica, non sono, cioè soggetti giuridici distinti dalle persone dei soci i quali hanno, di norma, una responsabilità illimitata e solidale di fronte a eventuali problemi della società.
Le società di persone sono:

- la società semplice (la tipologia più diffusa in agricoltura)
- la società in nome collettivo (dove, semplificando,

tutti i soci esercitano l'attività imprenditoriale)

- la società in accomandita semplice (in cui alcuni soci esercitano l'attività altri sono apportatori di capitale).

Le società di capitali hanno personalità giuridica ed è quindi, la società e non il singolo socio, a essere titolare dei diritti e degli obblighi che nascono dallo svolgimento dell'attività d'impresa.

Le società di capitali sono:

- la società a responsabilità limitata (la forma più piccola di società di capitali, dove i soci esercitano l'attività ma l'amministrazione può essere affidata anche a non soci);
- la società per azioni (forma giuridica idonea per le imprese che presentano un tasso di rischio ed un volume di investimenti piuttosto elevati).

Un cenno a parte è necessario per le **società cooperative** che sono società che esercitano attività d'impresa perseguendo uno scopo mutualistico. Tale scopo si traduce, in concreto, nel fornire beni e servizi o occasioni di lavoro direttamente ai soci a condizioni più vantaggiose di quelle che otterrebbero sul mercato.
Questo tipo di società richiede un numero **minimo di soci pari a nove** (ad eccezione della *piccola società cooperativa* il cui numero di soci può variare da un minimo di tre ad un

massimo di otto).

Il rapporto con i professionisti

Il consiglio per definire gli aspetti formali della vostra impresa è quello di rivolgersi a un professionista (un commercialista, ma anche un avvocato o un notaio di vostra fiducia) per valutare l'impostazione che volete dare e ricevere i consigli e il supporto per predisporre la documentazione.
Questo vale in particolar modo per la stesura di **Atto costitutivo** e **Statuto** della società, quando la vostra scelta si indirizza su quelle forme.
La cosa importante è il rapporto che istaurate con questi professionisti.
La scelta deve essere sempre libera e consapevole ed esclusiva dell'imprenditore o dei soci mentre il ruolo dei consulenti è quello di presentare più opzioni con le conseguenze e le ricadute che le scelte possono comportare.
La frase "Faccia lei perché io di queste cose non ci capisco niente" deve essere cancellata non solo dal vostro vocabolario ma anche dal vostro modo di pensare.

Anche se non siete esperti – e magari non lo sarete mai – dovete comunque comprendere gli elementi essenziali e pretendere di essere posti nella condizione di comprenderli ed avere gli elementi per arrivare alle decisioni che contano.

La frase corretta è : "mi faccia capire bene in modo che possa scegliere la soluzione più adatta a quello che ho in mente..."

Vale per le fasi preliminari e precedenti l'avvio e per tutta la vita dell'impresa.

I finanziamenti

Le persone che desiderano aprire un'attività sono molto interessate agli aiuti economici che facilitano lo start up.
La prima considerazione è che il finanziamento può aiutare ma l'idea nella sua realizzazione deve poterne farne a meno.
Esistono finanziamenti a tasso agevolato e a fondo perduto (sempre meno numerosi e legati a categorie precise di beneficiari).
I finanziamenti, a differenza delle agevolazioni, sono sottoposti ad esami e verifiche che rimandano ad un esame e una verifica che porta ad una graduatoria di assegnazione che potrà dare un esito positivo di assegnazione se:

1. avete i requisiti di bando,
2. i fondi sono sufficienti,
3. la documentazione è completa,

4. il Piano d'impresa è completo e convincente,

a questo si aggiunga che i tempi di erogazione non sono sempre veloci e in ogni caso bisogna anche prepararsi ad un'attività di "rendicontazione" di tutte le spese sostenute secondo regole definite dal finanziatore.

Il Piano d'impresa è certamente lo strumento chiave di questo iter di richiesta ma sono molto importanti anche altri aspetti che cambiano da bando a bando.

Alcune leggi definiscono alcuni canali di finanziamento: per le donne, per i giovani, per i disoccupati.
Il riferimento principale per avere un'informazione aggiornata e completa sulle occasioni di finanziamento sono gli sportelli per auto imprenditorialità delle **Camere di commercio**.

Un soggetto pubblico cui è affidato il compito di valutare idee imprenditoriali e finanziare imprese è **Invitalia**, Agenzia nazionale per l'attrazione degli investimenti e lo sviluppo d'impresa, di proprietà del Ministero dell'Economia.
Gestisce tutti gli incentivi nazionali che favoriscono la nascita di nuove imprese e le startup innovative.
Finanzia i progetti grandi e piccoli, rivolgendosi agli imprenditori con concreti piani di sviluppo, soprattutto nei settori innovativi e ad alto valore aggiunto.
Il consiglio è quello di monitorarne il sito: www.invitalia.it

Le regioni hanno la possibilità di sostenere l'avvio di nuove imprese. Per sostenere economicamente queste politiche le regioni programmano l'utilizzo di risorse che arrivano dall'Unione Europea attraverso il **Fondo sociale europeo.**
Per rendere disponibili questi finanziamenti le regioni operano in autonomia, promuovendo e pubblicando sui propri Bollettini ufficiali i bandi per l'accesso ai fondi.
Il consiglio in questo caso è di verificare sui siti istituzionali, inserendo nei campi di ricerca: Finanziamento avvio imprese e tutti i sinonimi possibili. Normalmente il riferimento è quello delle "attività economiche".

In generale possiamo dire che **le agevolazioni** possono essere quelle di facilitare e assicurare il credito attraverso accordi che questi enti stabiliscono con gli Istituti di credito o con proprie società finanziarie (penso per la Lombardia a Finlombarda) in modo da poter avere **prestiti a tassi agevolati** e assegnati sulla base della valutazione del piano d'impresa.

In alcuni casi, all'interno dei servizi di politiche del lavoro, per le persone disoccupate o inoccupate, potete trovare **corsi di formazione** e **percorsi di accompagnamento** erogati completamente a titolo gratuito.
Li conosco e ritengo che siano un servizio pubblico molto utile e importante per preparare tutta la documentazione e anche per capire se ci sono i presupposti per poter aprire

un'attività. Anche in questo caso, dovete consultare i siti della regione di residenza o domicilio (talvolta delle provincie, specie quelle autonome) per avere i riferimenti per la richiesta e per verificare i requisiti richiesti.

I regimi agevolati

Cambiano nel tempo e sono la risposta alla considerazione che i governi riconoscono alla necessità per un sistema economico di rinnovarsi e di sostenere l'imprenditorialità.
Chiaramente chi avvia un'attività piccola considera queste forme di aiuto fiscale.

Per loro caratteristica sono agevolazioni temporanee che non riconoscono contributi economici ma sono molto importanti perché alleggeriscono la pressione fiscale e anche l'impegno burocratico e amministrativo.

Questi due aiuti sono molto importanti per chi avvia un'impresa.
Per il **2016** la Legge di stabilità prevede un **Regime forfetario agevolato** di cui riportiamo le indicazioni principale e generali fornite dall'**Agenzia delle entrate**.
Anche in questo caso il suggerimento è quello di far riferimento sempre alle fonti ufficiali e non a ricerche su siti privati.

Scheda informativa regime agevolato

La legge di Stabilità per il 2015 ha introdotto un nuovo regime agevolato, rivolto alle persone fisiche che esercitano attività d'impresa, arte o professioni, in forma individuale. In sintesi, il regime (naturale per chi possiede i requisiti di ingresso) si sostanzia nella determinazione forfetaria del reddito, che viene poi tassato con un'imposta del 15%, sostitutiva dell'Irpef, delle addizionali regionali e comunali e dell'Irap. Vantaggi sono previsti anche sul versante adempimenti, che sono fortemente semplificati, nonché per il regime contributivo; chi esercita attività d'impresa può, infatti, scegliere di non essere assoggettato alla contribuzione previdenziale minima, calcolando i contributi sulla base del reddito dichiarato.
Il nuovo regime è quello naturale per i contribuenti in possesso dei relativi requisiti. Tuttavia, è possibile optare per l'applicazione dell'imposta sul valore aggiunto e delle imposte sul reddito nei modi ordinari. L'opzione, valida per almeno un triennio, è comunicata con la prima dichiarazione annuale da presentare successivamente alla scelta operata. Trascorso il periodo minimo di permanenza nel regime ordinario, l'opzione resta valida per ciascun anno successivo, fino a quando permane la concreta applicazione della scelta operata.
All'avvio dell'attività è comunque possibile avvalersi del regime forfetario comunicando, nella dichiarazione di inizio di attività, di presumere la sussistenza dei requisiti prescritti.

Requisiti

Le persone fisiche esercenti attività d'impresa, arti o professioni applicano il nuovo regime forfetario se, contemporaneamente, nell'anno precedente:

- hanno conseguito ricavi ovvero hanno percepito compensi, ragguagliati ad anno, non superiori determinati limiti, differenziati a seconda del codice ATECO che contraddistingue l'attività esercitata
- hanno sostenuto spese per un ammontare complessivamente non superiore a 5.000 euro lordi, per lavoro accessorio, dipendente e per collaboratori

(comprese le somme erogate sotto forma di utili da partecipazione agli associati)

- il costo complessivo, al lordo degli ammortamenti, dei beni strumentali alla chiusura dell'esercizio non superava 20.000 euro. Nel calcolo di questo limite: 1) per i beni in locazione finanziaria rileva il costo sostenuto dal concedente; 2) per i beni in locazione, noleggio e comodato rileva il valore normale degli stessi; 3) i beni, detenuti in regime di impresa o arte e professione, utilizzati promiscuamente per l'esercizio dell'impresa, dell'arte o professione e per l'uso personale o familiare del contribuente, concorrono nella misura del 50%; 4) non rilevano i beni il cui costo unitario non è superiore a 516,46 euro; 5) non rilevano i beni immobili, comunque acquisiti, utilizzati per l'esercizio dell'impresa, dell'arte o della professione
- i redditi conseguiti nell'attività d'impresa, dell'arte o della professione erano prevalenti rispetto a quelli eventualmente percepiti come redditi di lavoro dipendente e redditi assimilati a quelli di lavoro dipendente; requisito, questo, non rilevante se il rapporto di lavoro è cessato o la somma dei redditi d'impresa, dell'arte o professione e di lavoro dipendente o assimilato non supera i 20.000 euro

Ai fini dell'individuazione del limite dei ricavi e dei compensi per l'accesso al regime:

- non rilevano i ricavi e i compensi derivanti dall'adeguamento agli studi di settore e ai parametri
- nel caso di esercizio contemporaneo di attività contraddistinte da differenti codici ATECO, si assume il limite più elevato dei ricavi e dei compensi relativi alle diverse attività esercitate

Le esclusioni

Non possono avvalersi del regime forfetario:

- le persone fisiche che si avvalgono di regimi speciali ai fini dell'Imposta sul valore aggiunto o di regimi forfetari di determinazione del reddito

- i non residenti, a eccezione di quelli che sono residenti in uno degli Stati membri dell'Unione europea o in uno Stato aderente all'Accordo sullo Spazio economico europeo che assicuri un adeguato scambio di informazioni e che producono nel territorio dello Stato italiano redditi che costituiscono almeno il 75% del reddito complessivamente prodotto
- i contribuenti che in via esclusiva o prevalente effettuano cessioni di fabbricati o porzioni di fabbricato, di terreni edificabili, o di mezzi di trasporto nuovi
- gli esercenti attività d'impresa, arti o professioni che partecipano, contemporaneamente all'esercizio dell'attività, a società di persone o associazioni a esse assimilate (articolo 5 del Tuir), ovvero a società a responsabilità limitata trasparenti.

Il regime forfetario cessa di avere applicazione a partire dall'anno successivo a quello in cui viene meno una delle condizioni di accesso, oppure si verifica una delle cause di esclusione.

Vi invitiamo ad approfondire le sezioni su "Reddito e tassazione", "Semplificazioni contabili", "Altri regimi precedenti" sul sito: **http://www.agenziaentrate.gov.it/**

Le attività di avvio

Come iniziare?

Era una delle domande del sommario che avete compilato proprio all'inizio di questo lungo itinerario di scrittura del Piano d'impresa.
Quali sono le attività da realizzare per arrivare all'avvio?

Scrivere il Piano è una cosa da fare.
È importante iniziare a scrivere e riscrivere. Quest'attività ci costringe a raccogliere documenti a dar loro importanza.
In ogni caso, il Piano d'impresa non è l'unica cosa che bisogna – o si può fare – prima di aver aperto la fatidica partita iva.

Una regola è che prima dell'avvio si realizzano attività per l'impresa che sono necessarie e che non comportano un'uscita in termini economici.
L'esempio è quello delle spese: chiedo un preventivo relativo ad una fornitura di materie prime o a un macchinario ma attendo l'apertura per procedere all'acquisto o quantomeno alla fatturazione dell'acquisto in modo che la spesa entri nel bilancio dell'impresa.

È certo che dovremo **raccogliere tutti i preventivi** e le informazioni su ciò di cui abbiamo bisogno per procedere all'avvio, comprese le **forniture di servizi** strettamente connessi all'avvio (scelta del notaio, del commercialista, della sede, del nome, dell'attività primaria da comunicare, dell'elenco degli adempimenti burocratici e amministrativi).

Per compilare l'elenco aggiornato delle cose da fare, si procede alla verifica dell'elenco del sommario, alla luce di tutto quanto il Business Plan ci ha suggerito.
L'impresa richiede una fase di avvio, più o meno lunga. Il fattore **tempo e i costi di avvio sono variabili**. La scelta, le opportunità e le risorse possono suggerire all'imprenditore la suddivisione della fase di avvio in **più fasi**.

L'avvio infatti ha come obiettivo la predisposizione delle condizioni minime per produrre i beni e servizi.
Ci sono persone che aprono solo quando tutto è perfetto ma questo potrebbe creare qualche problema e costituisce talvolta un alibi per allungare i tempi.
L'impresa è operativa e pronta all'avvio, anche se non produce secondo le potenzialità e le risorse. Dopo l'avvio si possono prevedere obiettivi di crescita e trasformazione del business per arrivare alla piena operatività.
L'avvio è anche un atto di coraggio!

L'elemento chiave della programmazione per l'apertura è la **consapevolezza** di risorse, mezzi e tempi in funzione dell'inizio della produzione di beni e servizi.

FASE DI AVVIO		
OBIETTIVO AVVIO	**AZIONI**	**RISORSE OK**
(data ipotetica) Descrizione dell'impresa così come riformulata durante la stesura del Piano d'Impresa		

Dobbiamo sempre porci queste domande: ci sono e quali sono le risorse per realizzare questa attività? Sono azioni che precedono o possono essere programmate successivamente all'apertura? Chi le realizza? Abbiamo le risorse per coprire i costi?

Le azioni devono poi essere inserite in un **diagramma temporale** che ci consente di pianificare anche visivamente ciò che abbiamo nel programma. In alcuni casi le attività sono consequenziali e quindi è necessario completare una fase per far partire quella successiva. In altri casi le azioni possono procedere indipendentemente dalle altre.

Così come si è fatto nella divisione delle attività nell'organizzazione aziendale, i compiti vengono ripartiti in modo da avere un quadro chiaro di risorse e di ripartizione.

Prima di procedere alla stesura del **Piano di avvio**, rivisitiamo ogni voce chiedendoci quale è il suo obiettivo/risultato e se è giustificato.

Nel caso in cui sia previsto un esborso economico, è

necessario valutare come questo possa essere rendicontato nelle spese eleggibili dell'impresa con il commercialista e il fornitore.

Il Business Plan indica anche quali sono gli obiettivi ulteriori di sviluppo. (quest'anno avvio l'officina meccanica, tra due anni lo stampaggio materie plastiche)

Le azioni di avvio non partono nel medesimo momento. Occorre una loro pianificazione.
Nella tabella, che segue, sono indicate le attività, gli obiettivi delle stesse e la loro collocazione temporale.

Per facilitare l'esame concreto della fattibilità sono inseriti anche alcuni indicatori:

- copertura economica A
- competenze professionali B
- fare / acquistare F (fare) – Q (acquistare)

TABELLA che riporta l'individuazione delle azioni per l'avvio dell'impresa.

		indici			mesi										
azione	obiettivo	A	B	F/Q	1°	2°	3°	4°	6°	7°	8°	9°	10°	...	avviato

LEGENDA:
copertura economica = **A**; competenze professionali = **B**; fare / acquistare = **F** (fare) – **Q** (acquistare)

Conclusioni e riflessioni

Nel 1995 ho frequentato un corso per il Piano d'impresa presso la Camera di commercio. Avevo un'idea, un po' vaga, però quel corso rappresentava l'occasione ideale di poter darle una forma e superare le perplessità, i timori, l'estraneità rispetto al mondo delle imprese.
In quel corso ho conosciuto altre persone che vivevano i miei stessi dubbi e che erano lì per mettersi alla prova.
Qualcuno ha desistito, qualcuno ha condiviso il suo percorso con altri. Nel mio caso ho imparato cose nuove da aggiungere a quelle che avevo imparato all'università.

La curiosità è forse una delle caratteristiche che ci aiutano a fare un buon lavoro e ad affrontare con **spirito positivo** quella che comunque è un'avventura.

Dal 2001 ho messo a frutto anche per gli altri questa competenza acquisita inizialmente per me stesso. Ho iniziato a proporre corsi e attività di accompagnamento per aspiranti imprenditori.
Ho così avuto modo di conoscere le idee degli altri, di accompagnarli nel tradurla e trasformarla. Ho conosciuto settori nuovi, professioni, mercati.
Mi sono reso conto di quanto sia importante **questo metodo** non solo per coloro che decidono di avviare la loro impresa ma anche per quelli che, dopo aver fatto valutazioni,

ricerche, trasformazioni ed adattamenti si sono resi conto che non c'erano le condizioni ed hanno rinunciato.
Mi sono sempre chiesto che cosa sarebbe successo se questi ultimi avessero impegnato i soldi della liquidazione in un'idea che poi non riusciva a decollare.
Attraverso finanziamenti pubblici ho potuto assistere e aiutare queste persone.
Dopo aver tenuto tre corsi per aspiranti gestori di bed & breakfast e agriturismi a quarant'anni ne ho aperto uno.
Il medico cura se stesso e non finisce di imparare.
Per scrivere questo libro ho acquistato molti manuali di sulle start up e mi sono reso conto che la gran parte era prevalentemente dedicata a raccontare aneddoti e casi di successo o ad approfondire solo gli aspetti economici o quelli commerciali.

Come sempre gli strumenti migliori e gratuiti li ho trovati nei siti delle Camere di commercio con le quali collaboro da tempo e ritengo che le informazioni, i servizi e i corsi che propongono siano ancor oggi i migliori sulla piazza.

Pertanto il consiglio che mi sento di dare, non solo per valutare i finanziamenti agevolati di cui hanno sempre il quadro aggiornato e completo, è quello di visitarli.
Anche perché le camere di commercio sono la casa delle imprese, non sono solo un ente cui versare una quota annuale e dove registrare la propria attività.
A loro va la mia riconoscenza e il mio ringraziamento

principale alla conclusione di questo percorso e, in particolare, alla Camera di Commercio di Como.

Il mio grazie di oggi mi auguro sia e diventi anche vostro così come spero che questo lavoro di raccolta di notizie e di costruzione di un manuale sia stato utile ed abbia risposto a quello di cui avete bisogno.

L'autore e MEET

Luca Monti

Ideatore e Presidente di MEET. Dal 1994 opera nell'ambito dei servizi di orientamento scolastico e professionale. Ha progettato e coordinato servizi innovativi finanziati dall'Unione Europea per la formazione, l'istruzione e il lavoro. Ha pubblicato nel 2013: Il filo d'Arianna - una proposta metodologica per gli insegnanti; nel 2015 "La scelta della scuola superiore – Guida per i genitori" Elpo Edizioni. "Il bilancio di competenze degli insegnanti" 2016.

meet

Metodologie ed Esperienze per l'Evoluzione e la Transizione

Non è un luogo.
Anche se ha un luogo.
È un punto di incontro e di arrivo ma anche di partenza.
È un'occasione che genera opportunità di crescita.
Non è un cerchio chiuso, perché non ha una linea che lo costringe o un perimetro che lo delimita ma questa linea si apre e si slancia verso il futuro al di là delle parole.

Viviamo tutti in un mondo in continuo cambiamento. La nostra società ci pone di fronte a scelte che implicano cambiamenti nella nostra vita. Quali sono le direzioni da prendere?

MEET vuole essere il punto dove le persone si incontrano insieme per maturare, verificare, sviluppare scelte che trasformano un cambiamento in un miglioramento, una scelta in una opportunità.

www.ingramcontent.com/pod-product-compliance
Lightning Source LLC
Chambersburg PA
CBHW070258190526
45169CB00001B/458
9781523929276